M. Girouette.

Paris, 1818.

A. Desenne del. Fr Janet direx.

M.r GIROUETTE *en* 1793.

MÉMOIRES

DE

M. GIROUETTE.

Les formalités prescrites ayant été remplies, je poursuivrai les contrefacteurs suivant toute la rigueur des lois.

Pillet

DE L'IMPRIMERIE DE PILLET.

MÉMOIRES

DE

M. GIROUETTE,

PUBLIÉS

PAR J. S. QUESNÉ.

A PARIS,

CHEZ PILLET, IMPRIMEUR-LIBRAIRE,

ÉDIT. DE LA COLLECTION DES MŒURS FRANÇAISES,

RUE CHRISTINE, N° 5.

1818.

AVIS

DE L'ÉDITEUR.

Un homme que je connais depuis quinze ans m'invite à passer deux jours à sa campagne. Il me traite en ami, quoique je n'aie rien fait pour mériter cet honneur. Il pousse la confiance au point de me rendre dépositaire d'une vingtaine de cahiers qu'il appelle ses Mémoires : il exige même que je les publie en taisant son nom, mais en laissant subsister ceux qu'il enveloppe à demi sous des lettres initiales et des points. C'est une bizarrerie dont je ne peux trop lui marquer mon étonnement. Il me supplie d'écouter ses vœux, et obtient de ma complaisance que ses feuilles passeront dans les mains d'un libraire qu'il m'indique. Enfin, voulant exercer sur moi une sorte d'ascendant bien rare, il va jusqu'à prétendre que ma signature garantisse en cet écrit les faits dont lui-même atteste la vérité. Tant de déférence assurément me devient impossible; mais afin de le rendre moins sensible à mon refus, je lui promets de me déclarer l'éditeur de cet ouvrage, qui, dans les vues de l'auteur, doit rester anonyme.

Ainsi le public, s'il ne me tient compte d'une obligeance tout-à-fait nouvelle, peut au moins m'excuser d'avoir eu la faiblesse de souscrire aux désirs d'un ami dont les révélations, qui, jusqu'à ce jour m'étaient pour la plupart inconnues, vont être, d'après son aveu, comme un grand poids détaché d'une vieille conscience de soixante ans.

MÉMOIRES

DE

M. GIROUETTE.

Je naquis dans le Bourbonnais, le 17 août 1758, d'une mère qui ne devait pas encore l'être, et d'un père qui cherchait à le devenir. Il n'est pas bien prouvé que mes parens, en s'aimant, aient songé à s'unir; mais il est certain que celle à qui je dois le jour le perdit en me le donnant, et que mon père versa sur sa cendre des larmes du regret le plus sincère. Dans son malheur, l'embarras d'un enfant augmentant son affliction, il confia ma destinée à une bonne femme de Moulins, qui reçut de lui douze cents francs; puis il se dirigea vers la Rochelle, d'où il fit voile pour l'Amérique. C'est là que se borne la connaissance qu'on m'a transmise de mes parens; car mon père n'a point donné de ses nouvelles après son départ de la France, et personne n'a jamais pu m'instruire d'aucune particularité sur le compte de ma mère, que la seule époque de ma naissance. Ainsi je n'en ferai plus mention désormais.

La mère Michaud me donna son lait et ses soins avec la tendresse d'une mère, dont elle me tint lieu jusqu'à huit ans. Cette bonne nourrice me promenait souvent sur les bords de l'Allier; elle m'y plongeait la moitié du corps dans les beaux jours ; ce qui contribuait autant à ma propreté qu'à me tenir le tempérament sain. Quand j'eus atteint l'âge de cinq ans, elle m'envoya dans une école où je fus si maltraité, qu'elle m'en retira, ne voulant pas que *son pauvre petit fût martyrisé ;* c'étaient ses expressions. Deux ans s'écoulèrent sans que j'apprisse autre chose qu'à courir les rues avec mes camarades, et à faire toutes les petites sottises de mon âge, qui me valaient, de tems en tems, d'assez bonnes corrections ; mais le fruit s'en effaçait bientôt par une ample provision de caresses, car la mère Michaud, qui avait un bon cœnr, me couvrait fréquemment de ses baisers. Pauvre femme! il y a déjà quinze ans qu'elle n'est plus.

Un jour que je m'amusais autour d'un cerf-volant, je vis venir à moi un homme brun, assez grand, mais un peu voûté, qui me fit des questions, et qu'on appelait M. Verdier. Mes réponses lui plurent, et il me ramena chez la mère Michaud, qu'il entretint durant un quart d'heure à mon sujet. Il lui demanda ce qu'elle prétendait faire d'un enfant qui ne lui appartenait point; quel était son espoir avec une telle charge; si elle n'aurait point de désagrémens à redouter par la suite; si ses bienfaits trouveraient un jour leur juste récompense; ajoutant que les cinquante louis donnés par mon père ne suffisant plus pour mon entretien, elle se verrait bientôt dans la nécessité de chercher à me donner de l'emploi, ou, pour mieux dire, un état. « Si vous voulez me le confier, bonne femme, continua-t-il, j'en prendrai soin; je l'élèverai sous mes yeux, je l'instruirai solidement, et comme il me paraît avoir des dispositions, je les cultiverai de manière à lui frayer dans le monde une route avantageuse. » La mère Michaud ne répondit rien et pleura; je m'en aperçus, je poussai des cris et je pleurai aussi. Notre homme se leva tout aussitôt, nous quitta, et promit de revenir le lendemain, à la même heure.

Pendant ce tems, ma nourrice me fit dire tout ce qu'elle voulut : je répondais *oui* et *non*, sans trop savoir ce qu'elle me contait. « Veux-tu rester avec moi? — Oui. — Veux-tu partir avec ce Monsieur? — Non. — Mais si ce Monsieur t'aime bien, qu'il te donne de l'argent et de beaux habits, est-ce que tu serais mécontent d'être traité comme son fils? — Non. — Eh bien! tu partiras avec lui; il t'aimera, il fera ton bonheur, et tu le regarderas comme ton père. — Oui, je le veux bien. »

Cependant elle alla consulter une de ses voisines, qui lui montra notre séparation comme un avantage réciproque. M. Verdier fut exact à l'heure qu'il avait indiquée. Il trouva ma nourrice dans la tristesse, et lui laissa quelques pièces d'or pour la déterminer. Enfin, l'on convint que je partirais de suite, et que bientôt elle recevrait de mes nouvelles.

Mon petit paquet étant fait, j'embrassai, le cœur un peu gros, la mère Michaud. Je suivis M. Verdier, qui m'amena dans un hôtel, et le soir, une voiture publique nous conduisit sur la route de l'Auvergne, dont la capitale frappa nos regards le surlendemain d'assez bonne heure.

Nous descendîmes sur la grande place de Clermont, dans une belle maison, propriété de mon conducteur. Son premier soin fut de me faire habiller tout de neuf, et le second de me donner une place distinguée parmi ses domestiques. Il fit venir un maître chargé de m'apprendre à lire, à écrire, à calculer; ensuite, un peu de latin, aux heures où mes petits services me laissaient du loisir.

Je restai neuf ans chez M. Verdier,

tantôt actif, tantôt paresseux ; tantôt battu pour mes fredaines ; souvent grondé dans mes étourderies, ayant dix fois manqué d'être chassé pour de mauvaises liaisons avec des sujets qui valaient moins que moi, et recevant d'assez fréquentes récompenses, en monnaie d'éloge, sur le mérite de mon travail, quand la douceur de mon naturel apportait quelque trève à mes nombreuses distractions.

J'entrais dans ma dix-huitième année, lorsque M. Verdier reçut la visite d'un ami qui habitait la petite ville de Murat, dans la Haute-Auvergne. Cet homme passa huit jours à Clermont, logeant avec nous. Il venait chercher une sorte de précepteur pour ses deux enfans, dont l'éducation, disait-il, n'exigeait point de grands talens. M. Verdier jeta les yeux sur moi, me proposa, prit mon aveu, et me fit agréer sans difficulté. Il en prévint la bonne Michaud, qui, depuis notre séparation, lui avait écrit cinq ou six fois, et qui, dès ce moment, a cessé tout-à-fait de correspondre avec nous.

Je ne quitterais pas Clermont sans fournir sur cette ville et ses environs des détails qu'on pourrait trouver intéressans, si tant de voyages et de statistiques n'avaient épuisé la matière. En effet, qui n'a pas entendu parler des eaux pétrifiantes de Saint-Allire? des fontaines abondantes de Royat, dont les jets nombreux sortent des rochers couverts d'inscriptions et de vers qui les chantent? du Puy-de-Dôme, assis, comme un cône, sur un plateau qui lui-même est assez élevé pour dominer toute la Limagne? de ce mont où Pascal fit sa fameuse expérience sur la pesanteur de l'air? de ce mont presque toujours couvert d'un nuage, appelé *son chapeau* par les bons Auvergnats? de cette montagne où, la nuit de la Saint-Jean, les Clermontais vont voir le soleil se coucher et se lever dans un faible intervalle, et où ils jouissent, après un repas très-gai et des danses animées, du plus éloquent spectacle qu'ait jamais offert à leur cœur la nature dans toute sa magnificence? de ce Mont-d'Or, dont les neiges vues au loin apparaissent quelquefois au voyageur d'un rouge éclatant, comme si le soleil en colorait la cime de ses rayons, et de tant d'autres merveilles, enfin, que je tairai, pour ne point répéter ce que mille autres ont dit avant moi ?

Le jour du départ étant arrivé, M. Duhautain, l'ami de M. Verdier, vint me prendre dans ma chambre, et fut témoin de mes adieux à toute la famille de mon bienfaiteur. Je la quittai sans trop de regrets, parce qu'il me semblait que j'allais voir un nouveau pays, et qu'à mon âge cette nouveauté cause toujours du plaisir. Je devenais en outre précepteur de deux enfans d'un homme riche, fonction qui, m'élevant à mes propres yeux, m'ôtait à la servitude, afin de me conduire dans le monde par le chemin de la fortune: n'était-ce pas déjà voler à la gloire sur les ailes de l'espérance ?

M. Duhautain m'amena donc, suivi d'un seul domestique, et me faisant l'honneur de m'entretenir comme son égal. Il fallait que cet homme eût prodigieusement lu les grands poètes, et que sa tête fût remplie de leurs sublimes expressions, car il ne parlait que d'une manière guindée, par figures et par images, multipliant comme à plaisir les comparaisons et les métaphores. En effet, les pensées les plus communes s'élevaient, s'ennoblissaient, acquéraient même de l'énergie en passant par sa bouche. Sa conversation était un vrai poëme épique, et je demeurais tout stupéfait de son ton d'inspiré.

Ce n'était point les *baisers âcres* de Julie, tant reprochés à Rousseau par Voltaire, ni les phrases amphigouriques d'un auteur qui écrivait vingt-sept ans après ce voyage, et donnant à la mort un *cheval pâle*, une *vierge aux amours*, une *grande voix* au fleuve du Mississipi, faisant dans les bois *soupirer la mousse*, appelant le législateur des chrétiens *le grand célibataire des mondes*, disant, malgré l'absence de toute analogie, qu'au fort d'une tempête *le soleil est un énorme cadavre noyé dans les cieux*. Non, rien de tout cela; c'était tout simplement ce que vous allez lire.

M. Duhautain, voulant exprimer un beau clair de lune, annonçait que l'astre des nuits arrive au plus haut de son cours. Parlait-il en diverses façons du soleil levant? Le soleil commençait à rougir les bords de l'horizon; l'aurore semait les roses et les soucis sur les bords de l'orient ; l'aurore mêlait des roses célestes à l'or de ses rayons ; l'aurore, au front de roses, aux pieds d'or, sortait de son céleste palais ; l'aurore vermeille mariait l'or de ses rayons à l'azur des cieux ; l'aurore peignait l'orient de ses couleurs et faisait pâlir le front des astres de la nuit ; l'orient était couvert d'un manteau d'or et de pourpre. Exprimait-il la nuit ? il la personnifiait en la faisant rouler sur un char d'ébène.

Etait-il heureux ? c'était l'étoile riante de sa félicité. Parlait-il d'un mauvais sujet ? c'était le vase de toutes les iniquités : d'un homme amoureux ? la flèche entrait tout entière dans son cœur : d'une femme piquée d'une aiguille jusqu'au sang? il voit broder une main d'albâtre portant à son cœur des coups douloureux, et partageant une riche toile par un filet de pourpre. Fait-il un ingrat? il sème sur le sable, écrit sur la neige. Peint-il l'affreuse maladie venue d'Amérique? c'est un poison mortel et nouveau dans les mains de l'amour : un homme furieux? porté par son désespoir, il s'élance avec la vîtesse d'une vipère en fureur. Duhautain lui met encore deux charbons embrasés dans les yeux, et il les allume au flambeau des furies, roulant ivres de sang et de colère, gros de rage et de poison. Voulait-il me représenter un guerrier? sa redoutable épée sème le trépas; la mort se multiplie sous ses coups; son coursier dévore la terre. Enfin, voici comment il me fit part d'une affaire délicate dont il sortit vainqueur :

« Le soleil cachait son front dans » l'ombre ; la nuit allait lui fermer les » portes de l'occident, et le ciel com- » mençait à se couronner d'étoiles. » J'arrive en présence d'un rival armé » d'orgueil. A sa vue, mon dépit s'al- » lume et s'enflamme ; mon cœur gon- » flé ne peut plus le contenir ; il sort » par mes regards, s'exhale dans mes » discours. Nous nous mesurons : mes » coups partent avec la menace ; je » lui présente à-la-fois l'éclair et la » mort. Il croit déjà sentir le fer qui » frémit dans ses entrailles. Je l'at- » teins : la pointe de mon épée se fraie » une route jusqu'à son cœur. Ses

» gémissemens sourds ressemblent à » ceux d'un lion blessé. Il succombe » sous la main de la douleur qui le » serre et le glace ; il veut parler ; un » froid mortel court dans ses veines, » et sa langue immobile semble atta- » chée sur ses lèvres. Déjà la pâleur » des violettes se confond sur ses joues » avec la blancheur des lis ; mais moi- » même, épuisé, frappé dans le flanc » droit, je suis prêt à tomber sur des » lauriers arrosés de mon sang. »

Nous descendons à Murat par la route la plus détestable qu'on puisse imaginer. C'est une petite ville de deux mille quatre cents ames, mal bâtie, au pied d'un rocher qui ressemble à un volcan éteint. Elle est en pente, vers une rivière assez poissonneuse, dont les bords sont peu fertiles. * M. Duhautain me présente à son épouse qu'il embrasse, et dit sur mon compte des choses obligeantes, si

* A trois lieues de Murat, est située une autre petite ville nommée Allanches. M. de Pradt, père de l'ancien archevêque de Malines, y avait une habitation. C'est là que le fameux Mandrin, déserteur du régiment dont M. de Pradt était colonel, vint un jour le trouver avec une vingtaine de contrebandiers bien armés. M. de Pradt, passablement étonné de le revoir, ne put s'empêcher de l'admettre à sa table, en ce qu'il s'invita sans façon au dîner que l'on préparait. Mais, avant de prendre sa place, il eut soin de poser douze ou quinze sentinelles autour des cours et sur les fossés, puis il dîna de fort bon appétit.

Au dessert, il fit venir une assez grande quantité de tabac, qu'il voulut faire acheter au colonel. Celui-ci le refusa pour cause de contrebande. « D'accord, dit Mandrin, hautement relevées dans son divin langage, que j'en devins tout rouge d'embarras. Madame Duhautain sourit de ma confusion, qu'elle pouvait prendre pour de la modestie, et je lui sus bon gré d'un sentiment dont elle semblait approuver la délicatesse.

On amena les enfans, dont l'un avait douze ans et l'autre un peu moins de dix. Ils étaient assez grands pour leur âge, et joignaient à une bonne

mais au moins j'exige que Mme de Pradt accepte l'offre de cette indienne pour s'en faire une robe; j'espère que vous ne me refuserez pas. — Oh! pour cela non, reprit M. de Pradt; et l'étoffe de la robe fut coupée. »

Après le repas, Mandrin s'informa des lieux occupés par la maréchaussée et les commis des aides, releva sa petite troupe, prit congé de M. de Pradt, et se dirigea dans les montagnes vers Mauriac.

constitution une figure intéressante. L'aîné paraissait avoir de la douceur, et le plus jeune un peu de malice. Je leur fis quelques caresses, après quoi l'on me montra l'appartement qui m'était destiné. Je m'y installai, en attendant le commencement de ma charge envers les enfans. Comme ils avaient peu d'instruction, il me fut aisé de diriger leurs leçons sur des sujets que je possédais assez bien, et sans qu'ils pussent entrevoir les parties où je montrais le plus de faiblesse. De cette manière, avec l'avantage des années, j'offrais celui d'un peu de méthode, qui me donnait sur eux un ascendant très-marqué. Leurs progrès, pendant les trois ans que je passai dans la famille, ne furent pas bien rapides; mais j'eus la consolation de voir qu'ils savaient passablement ce que je leur avais appris. M. et Mme Duhautain m'en félicitèrent, et mon zèle fut souvent payé de légères marques de distinction, qui ne laissaient pas de flatter ma vanité.

J'aurais bien dû m'en tenir à l'instruction de mes élèves, et garantir mon cœur des sentimens que m'inspirait leur mère. Hélas! à dix-huit ans comment se défendre d'aimer? et d'aimer qui? une femme charmante de vingt-sept ans, grande, jolie, fraîche, mise avec goût, et que mes curieux regards rencontraient tant de fois dans la journée. C'était toujours à table qu'arrivait, comme le plus désiré, le moment le plus dangereux pour moi. Elle se plaçait entre ses deux enfans, vis-à-vis de M. Duhautain, et mon couvert étant à côté de ce dernier, je me trouvais dans une position nuisible à ma tranquillité. En effet, je n'osais guère lever les yeux sur son beau sein, sans éprouver une agitation qui m'ôtait aussitôt l'appétit. Me donnait-elle une assiette? la main me tremblait comme un coupable. M'adressait-elle la parole? je voyais une bouche de corail ornée de perles, qui renversait toutes mes idées, et me faisait quelquefois balbutier la plus sotte réponse. Alors, élevant sur ses yeux sa serviette, elle s'en cachait pour me dérober ses ris. Je mordais mes lèvres du dépit le plus amer, feignant de ne rien comprendre à ce jeu de physionomie.

Pendant ce tems-là, M. Duhautain nous accablait de la hauteur de son génie; il nous racontait des anecdotes avec un style qui, si je l'ose imiter, planait dans les nues. Il nous disait aussi que la nuit, dont aucun nuage n'obscurcissait le front chargé d'étoiles, amenant sur ses ailes le silence et les songes légers, il buvait à longs traits l'oubli de lui-même, et que, dans l'accès d'un amoureux délire, sa prière pour son amante s'élevant au ciel sur l'ange des désirs, il la rappelait par ces mots plaintifs : « Viens, accours, ame de mon ame, feu sacré de mon cœur, ton absence est l'hiver de ma vie. Le triste oiseau se cache; il hérisse son plumage, tandis que la feuille jaune et desséchée couvre le pied de l'arbre dont elle était l'orgueil. Viens, viens, ô ma bien aimée! viens, ou je descends dans le séjour des ombres. Mais, hélas! mes accens n'arrivent pas jusqu'à ton oreille, puisque tu cours devant mon cœur, rempli de flammes, comme une victime qui fuit le couteau sacré.

« — C'est fort bien, interrompait son épouse en riant; mais il me semble, mon bon ami, que tu pourrais abandonner le séjour des dieux, ou les célestes lambris, comme tu voudras, pour descendre dans cette salle à manger, où, t'humanisant avec nous dans un langage plus commun, tu nous dirais tout bonnement qu'une belle nuit tu as rêvé que tu désirais voir ta maîtresse et qu'elle te fuyait. N'est-il pas vrai, bon ami, que c'est là ta pensée? M. Duhautain en convenait par des expressions non moins figurées que de coutume : c'était sa maladie. Du reste, honnête homme, bon père, bon époux, il portait dans ses liaisons la franchise d'un aimable caractère, ainsi que l'obligeance d'un cœur très-généreux. Au défaut près qui le rendait ridicule, sans qu'il en sentît jamais l'apparence, il était sûrement, de tous les hommes, celui dont on eût voulu faire son plus intime ami.

A force de me trouver en présence de sa femme, je crus remarquer que les sentimens qu'elle me faisait éprouver la touchaient également et passaient dans son ame. Elle commençait à rougir en me parlant; sa poitrine quelquefois s'oppressait, et selon l'expression du mari, des perles liquides nageaient dans ses yeux. Elle trouvait du plaisir à se promener seule avec moi, sur-tout le soir. Sa conversation prenant un tour galant, j'entrevoyais un bonheur prochain dans le feu de ses désirs. J'étais timide; je sortais rarement des bornes du respect; mais son cœur la rassurant contre un amour plus fort que la crainte, comptait sur des aveux couverts de mon inexpérience.

Ce moment arriva; je fus heureux presque sans m'en douter. Que dis-je, heureux? Oui, quelques jours; car, après avoir épanché la coupe du plaisir, le remords versa bientôt tous ses poisons au fond d'une ame qui perdait l'innocence, sans perdre le bonheur d'aimer. Je voyais, infidèle à l'hymen, Mme Duhautain que j'adorais, et pour qui j'aurais donné mille vies. Je voyais entre elle et moi ses enfans, que m'avait confiés leur père dans la chaleur de l'amitié. Je le voyais lui-même me forcer à fuir ces étincelles que la torche affreuse de la jalousie secoue sur les pas mal assurés des amans. Je voyais enfin le serpent du plus grand des maux se glissant jusqu'au cœur de ce digne époux, pour le livrer tout rongé dans la main des furies..... Mais je m'aperçois que l'exemple de M. Duhautain me gagne, et que je m'élève, sans y penser, à la région des nuages... Je descends.

Il fallut nous séparer, non sans

beaucoup de regrets et de grandes promesses de ne jamais nous oublier. J'abandonnai Murat. Je me rendis à Aurillac par le chemin du Liorant, qui mérite ici une mention particulière, avec d'autant plus de raison que je ne sache pas qu'on en ait jamais rien écrit, les curieux ne s'avisant guère de prendre une route impraticable quatre mois de l'année. Quoiqu'il y ait aujourd'hui quarante ans que j'ai fait ce voyage, le souvenir m'en est encore si présent qu'il me semble le recommencer en l'écrivant.

A l'ouest de Murat s'élèvent deux chaînes de montagnes qui se prolongent jusqu'aux environs d'Aurillac. C'est entre ces montagnes que l'on a pratiqué un chemin décoré dans le pays du nom de *grande route*. A gauche du voyageur se voient des monts de cinq mille pieds de haut, dont les flancs bruns sont couverts d'une forêt de hauts sapins, retraite ordinaire des sangliers. On découvre à droite deux cascades larges de plusieurs toises, tombant d'un rocher presque à pic, et coulant sur un fond blanchâtre totalement incliné. Leurs eaux jaillissantes au bord de la route s'échappent sous une espèce de pont tremblant formé de baliveaux ajustés sans art, tandis que les vapeurs de ces eaux mouillent le voyageur à son passage; puis elles vont rouler à grand bruit sur des rocs, et se perdre au milieu d'un torrent, dont le lit est creusé dans la profondeur de ces monts. C'est le même torrent qui, grossi par la jonction de plusieurs ruisseaux et la fonte des neiges, va s'étendre en une rivière assez belle sous les murs de la ville de Murat.

En suivant le chemin, l'on voit deux autres monts énormes séparés d'environ deux pieds, aussi droit qu'un scieur de pierre l'aurait pu faire, sur une hauteur de plus de vingt toises. C'est probablement l'ouvrage d'une grande secousse de ces masses, à la suite d'un tremblement de terre. Plus on avance, et plus on descend, quoique de tems en tems il faille monter, et l'on se trouve tantôt parmi les vapeurs qui forment un brouillard mal-sain autour du voyageur transi de froid, et tantôt dans une atmosphère beaucoup plus tempérée. Ici l'on distingue le fertile Plomb du Cantal, haut de six mille pieds, où huit à neuf cents vaches trouvent leur pâture pendant la moitié de l'année, et dont le revers, blanchi de neige dans la canicule, produit un contraste frappant vis-à-vis un autre mont sourcilleux non moins élevé, mais entièrement stérile, en ce qu'au pied de celui-ci les rayons du soleil, réfléchis par ses flancs noirs, causent alors une chaleur étouffante. Ce pic, dont le sommet ardu ne paraît pas avoir une toise de circonférence, commande au loin l'admiration, quand on voit une ceinture d'épais nuages l'environner depuis la base jusqu'aux trois quarts de son élévation, et sa tête orgueilleuse perçant l'obscurité, couronnée de rayons lumineux. C'est un spectacle, à mon avis, tellement imposant qu'il ne doit laisser aucun observateur de sang-froid.

Plus loin, on suit le pas de Compein, long d'environ cinq cents toises. C'est un chemin large de six pieds au plus, taillé dans le roc, sans garde-fou, dont les bords escarpés sur le torrent sont comme une muraille de cent toises, à partir de la route au précipice. Les voyageurs prudens ont coutume de mettre pied à terre dans ce lieu dangereux. Cependant des voitures y passent, et il y a peu de tems qu'une charrette énorme chargée de tabac, tirée par cinq chevaux, roula jusqu'au fond des eaux. Le premier de ces animaux ayant fait un faux pas trop près du bord, entraîna les autres. Il arrive aussi que, du côté de la montagne, des roches venant à se détacher, causent non-seulement une grande frayeur aux passans, mais les menacent d'un péril imminent : ajoutez à cela les excavations journalières causées par les pluies ou les neiges fondues qui minent sourdement la route vers le précipice, et les pierres roulant quelquefois avec impétuosité de la cime du mont, tantôt tombant naturellement, et tantôt lancées avec méchanceté par de jeunes pâtres qui s'en font un criminel passe-tems, et vous aurez une juste idée du pas de Compein.

Tout près de là sont des maisonnettes ensevelies dans la neige durant l'hiver. Vous marchez sur ces bâtimens comme en plein champ. L'ouverture seule de la cheminée vous indique qu'une maison est sous vos pieds. Les habitans, dit-on, font alors la veillée en commun, et communiquent ensemble au moyen d'une galerie pratiquée dans des neiges durcies par plusieurs mois d'un froid très-rigoureux. Après avoir passé le village de Saint-Jacques-des-Plats, vous arrivez à Vic-sur-Cère, qui est le Spa de la Haute-Auvergne, et dont les eaux efficaces pour les obstructions et les maladies du gravier attirent une foule assez considérable d'étrangers dans la belle saison. C'est un bourg dont la vue, bornée par le nord, s'étend au midi dans un riant vallon arrosé des eaux de la Cère, et bordé d'un bois peu touffu.

Ensuite, vous approchez d'Aurillac, qui ne se découvre à vos yeux qu'en les tournant assez long-tems sur une riche prairie abreuvée par la Jordanne, rivière large et rapide où abondent des truites d'une petite, mais excellente espèce. On ressent une vraie joie à l'aspect de cette intéressante cité, qui vous soulage du poids de l'ennui que vous a fait éprouver l'affreuse solitude du Liorant. Quoique enfermé dans les montagnes, Aurillac est remarquable par sa position pittoresque, sur-tout du côté de l'orient, où cinq à six monts, appelés *puys*, servent aux habitans de la ville du plus infaillible des baromètres. C'est sur ces puys que l'on fait de gros fromages pesant jusqu'à cinquante et soixante livres, dont le commerce fort étendu devient une source de prospérité pour le pays. Mais celui qu'on estime le plus se fabrique sur les montagnes de Salers, à cinq lieues d'Aurillac, vers le nord, et c'est afin de caractériser sa précieuse qualité qu'il reçoit en Auvergne le nom de *Roquefort de Salers.*

On croit communément que Saint-Flour enferme beaucoup de chaudronniers ; c'est une erreur. De mon tems, on y en comptait quatre, et seize dans Aurillac. Je ne sais pourquoi l'on a fait, à Saint-Flour, le Christ tout noir depuis les pieds jusqu'à la tête. Cependant Jésus n'était pas chaudronnier. Il est placé dans la cathédrale, à droite en entrant par le portail, à peu de distance du chœur.

Il y avait environ quinze jours que j'étais à Aurillac, quand je reçus un paquet de lettres du bon M. Duhautain, à l'adresse de personnes recommandables, qui m'accueillirent sur ce passeport. Prenant un intérêt sensible à mes affaires, ces messieurs tâchèrent de m'être utiles; ils daignèrent faire à leurs amis quelque éloge de mes faibles talens; ils me procurèrent des écoliers; et, pendant quelques années, j'en eus une vingtaine dont la pension, quoique modique, me permit de mettre en réserve des économies assez fortes pour mon état, dans un pays où l'on vit à peu de frais.

Je me liai d'amitié avec M. Bouret, homme grave, instruit, de bon sens et de jugement, mais d'une franchise si austère qu'elle tenait presque de la rudesse. Ayant une fleur de littérature fort agréable, il se plaisait dans la lecture des romans de Lesage et de l'abbé Prévôt, et n'aimait pas moins ceux de Fielding et de Richardson. Il me conseilla d'en faire un pour m'essayer. A ces mots je reculai d'étonnement. Quoi! lui dis-je, le monde m'est encore inconnu, et vous voulez que je fasse des portraits! Ce n'est pas cela, reprit-il; à votre âge il faut vous exercer l'esprit; il faut cultiver les talens que vous avez reçus de la nature; ce n'est qu'en méditant, ce n'est qu'en écrivant que vous pourrez acquérir, avec des connaissances, cette facilité dans le travail qui tient souvent lieu de mérite à beaucoup de gens. Fort bien, interrompis-je; mais qui me donnera les moyens de courir cette carrière avec avantage ? Qui ? moi, dit-il d'un ton ferme et propre à me rassurer. Ecoutez. Il n'existe point de poétique du roman dans aucune langue ; personne ne s'est encore avisé d'en tracer les règles, soit que la frivolité du genre en ait imposé, soit que l'extrême liberté qu'on s'y permet dans le plan n'ait pas attiré sur cet objet l'attention des hommes de talent, soit peut-être le mépris même qui s'attache aux productions faciles et nombreuses où la multitude des écrivains médiocres, pensant s'élever, tombent dans le néant par leurs propres efforts pour sortir de l'obscurité. Ainsi, sans manquer au respect que je dois aux maîtres qui nous ont donné des leçons sur toutes les branches de la littérature, hors celle dont nous parlons, je vais vous exposer avec sincérité mon sentiment. Vous le trouverez affermi par la connaissance des bons auteurs dont les réflexions m'ont suggéré celles qui suivent :

La durée d'un roman étant une continuité d'actions, doit avoir des bornes comme celles d'un poëme épique, d'une comédie ou d'une tragédie. Je voudrais qu'elle n'excédât pas dix ans. Le romancier, après avoir long-tems médité son sujet, y répandra l'amusement et l'instruction, punira le vice et couronnera la vertu. Qu'il sache que le tissu d'une fable bien inventée et bien racontée est un des plus grands charmes de l'esprit humain; mais afin qu'elle soit régulière, il faut l'assujettir aux règles du poëme épique. Cette fable manque son effet, si l'intérêt se trouve porté sur un trop grand nombre de personnages, si l'attention est distraite ou la mémoire fatiguée par une multitude d'aventures.

Le romancier qui connaît son art aura soin de ne donner à chaque personnage que la place qu'il doit occuper. Son ouvrage réussira si la trame en est bien ourdie, si tous les fils, bien entrelacés, sont dirigés vers l'objet principal, et si tout concourt à l'effet. Il faut que le dénouement sorte toujours du fond du sujet, dont l'intérêt capital est l'unité. Il remplira toutes les conditions que l'art exige s'il est intéressant, naturel, imprévu; sur-tout si l'on aperçoit une juste proportion entre les effets et les moyens d'où résulte la première beauté dans tous les genres, l'observation des convenances.

Sachez, mon ami, que l'on ne doit point composer d'ouvrage, si l'on n'a l'intention d'être utile au lecteur, parce que l'utilité mène à la vertu; encore moins négliger de lui plaire par toutes les ressources de l'art, car la connaissance du beau nous dégoûte du médiocre.

Voulez-vous badiner avec esprit, raconter avec grâce, peindre à l'imagination, remuer les cœurs? Imprimez à chaque ligne la couleur du sujet; fondez, graduez l'intérêt des événemens et des situations, observez cette filiation des idées, qui donne à l'expression de la justesse et de l'énergie au sentiment; mais évitez cette déclamation si commune de nos jours, qui, comme l'enflure, nuisible au corps, veut grossir les objets aux dépens de la vérité. Soyez donc naturel : aimez la vraisemblance, écoutez la raison ; c'est, depuis trente siècles, le fondement de toutes les règles.

On dit que les bons romans sont l'histoire du cœur humain, et que l'homme aime mieux être ému qu'instruit ; allons donc le chercher tout entier dans son cœur, en l'attaquant par ses passions. Nous tâcherons de l'instruire avec la solidité des raisons, de lui plaire avec les grâces du style ; mais nous lui réserverons le pathétique pour le terrasser. L'ame, le goût, l'enthousiasme, le bon sens, et l'oreille surtout, ce juge si superbe des beautés du style, nous apprendront que le charme qui en découle tient moins encore à l'ordre des idées, à la vérité des expressions, qu'au lieu qu'elles occupent, et qu'il n'y a point d'élocution plus vive que celle qui réunit la plus grande étendue d'idées avec la plus grande précision de mots.

L'habile écrivain ne dit rien de trop; il se borne à son sujet, et met une juste mesure dans toutes les parties qui en dépendent. Il aime les comparaisons; mais il les veut nobles ou agréables. Il veut aussi des sentences, parce que, embellissant son roman, elles lui donnent la force de la vérité. Il sait que la construction, l'expression, l'harmonie, ne sont presque jamais indifférentes dans une diction pure et correcte, car son goût lui révèle le mot qui est image avec le mot qui fait pensée, bien convaincu que la meilleure expression tient à la pensée même : c'était le sentiment délicat des Grecs sacrifiant à l'euphonie. Enfin, pour chasser l'uniformité du style, sans se détourner du but, il renouvelle le choix des termes, cherche une élégance sans apprêt, jette de l'agrément et de la variété dans les tournures, et prouve qu'un esprit sage qui sait plaire, sait aussi répandre sur sa production les ornemens qui naissent de l'heureux emploi des figures, sans que le lecteur sente jamais les effets du travail de l'auteur.

Après cette poétique de M. Bouret, que j'eus le tems de digérer, je me mis à l'œuvre, et composai un ouvrage qui prit environ trois mois sur mes nuits. J'en étais assez satisfait. Je le lui montrai, après y avoir mis la dernière main. Il le lut tout entier et me dit, en me le remettant avec un grand sang-froid, de l'anéantir sans délai. Je n'en fis rien alors. Je l'ai même conservé pendant une dizaine d'années sur un vieux coffret; mais le revoyant depuis dans des dispositions bien différentes de celles où je l'écrivis, il fut sans regret mis en pièces de mes propres mains, étant très-pénétré du jugement équitable et laconique de celui qui m'en avait fait l'auteur. Le seul fruit de cette production fut d'ajuster mes idées pour former un plan, de me tendre l'esprit afin de suivre avec constance un objet principal, de m'apprendre le pouvoir du style sur ceux qui en manquent, et de m'ouvrir le chemin aux divers emplois qui m'ont été conférés par la suite.

C'est chez M. Bouret que je vis pour la première fois Carrier, qui travaillait alors dans l'étude de son oncle, procureur, d'où celui-ci le chassa bientôt pour avoir commis plusieurs faux de la valeur d'environ 10,000 francs. Cet homme avait une physionomie bien trompeuse; il nous disait ingénuement qu'il ne voyait jamais couler sans émotion le sang d'un poulet. S'il parlait avec sincérité, quelle affreuse révolution s'est donc opérée dans ses sentimens, pour l'avoir rendu quelques années après l'exécration du genre humain? Marat, en pleine assemblée, avait fixé à deux cent mille le nombre des victimes qui devaient tomber sous le couteau de la république ; Carrier, beaucoup plus modeste en apparence, ému d'intérêt pour son département, n'exigeait dans ses montagnes qu'un léger tribut de cinq cents têtes.

On approchait du moment où nos discordes civiles allaient tout ébranler. Déjà l'assemblée constituante, imprimant aux esprits un mouvement aussi grand que rapide, faisait luire devant la nation l'aurore de la liberté. Ses travaux détruisaient cette foule d'abus enracinés par le tems, et consolidés par le despotisme, dont la nation murmurait depuis des siècles, sans avoir trouvé jusqu'ici le moment de les faire disparaître. J'applaudissais de bon cœur à cette idée si simple, si naturelle, que *tous les hommes sont égaux devant la loi.* Mon intérêt particulier, je l'avoue, entrait un peu dans la chaleur de ce sentiment, parce que je devais espérer quelque bien d'un changement dans l'inégalité des conditions. Il me semblait que l'ancien pouvoir, laissant échapper ses prérogatives avec la chute des préjugés, se baissait à mon niveau, ou m'élevait à sa hauteur.

Je crus donc l'heure favorable d'obtenir de la faveur; je m'agitai comme beaucoup d'autres qui n'y avaient pas plus de droits. Je recherchai les gens répandus dans le monde; j'en fus également recherché. Je m'intriguai auprès du comte d'O....gue, dont le crédit me fit avoir un poste de cent louis.

Le premier devoir que j'eus à remplir ne fut pas d'un bon augure, puisque je reçus l'ordre de mettre en arrestation le bon M. Duhautain, dénoncé par des malveillans jaloux de son bonheur ou de ses biens. J'aurais pu sans doute éviter de remplir cette mesure de rigueur ; mais je compromettais ma place, et la crainte de la perdre me força d'emprisonner mon bienfaiteur. Sa détention, heureusement, ne fut pas de longue durée, ni mon emploi; car trois mois après, le château du comte ayant été saccagé par une troupe de frénétiques, il me fit venir, et me tint le langage suivant :

« Vous voyez, mon cher, ce qui se
» passe : les événemens se pressent
» et deviennent désastreux. Les nua-

» ges s'amoncèlent, se noircissent;
» l'orage est dans leurs flancs, et bientôt la foudre éclatera. Mon château
» n'est déjà plus qu'un débris, mes
» rentes sont anéanties, et ma liberté
» peut-être.... Mais, non, j'ai résolu
» d'imiter la noblesse de ce pays, qui
» va chercher la paix sur une terre
» étrangère, et qui dans peu, j'espère,
» la retrouvera dans ses foyers. La
» France s'aveugle sur ses destinées;
» parce qu'elle est grande, elle se
» croit forte; elle ne voit pas que l'Europe, intéressée au maintien du repos d'un Etat si vaste, mettra sur pied
» des armées innombrables pour l'envahir et la faire plier sous le joug
» de l'obéissance à ses anciens maîtres. Malheur! malheur alors aux

» imprudens dont les cris séditieux
» auront appelé sur leur pays ces flots
» de guerriers sortis d'une multitude
» de nations courroucées par l'exemple
» d'une dangereuse indépendance !
» Mais heureux ceux qui, n'ayant pas
» trempé dans le complot de tout dé-
» truire, auront fui la terre impie !
» Ils reviendront triomphans sur des
» pavois étrangers, recueillir sans
» gloire, il est vrai, mais aussi sans
» danger, le prix de la fidélité aux
» coutumes antiques.

» Ainsi, mon cher ami, le meilleur
» conseil que vous puissiez recevoir de
» moi, c'est de quitter la France, et
» de m'accompagner jusqu'à la ville
» d'Aix-la-Chapelle, où j'ai dessein
» de me rendre. Je ne pense pas que

» nous y séjournions plus de deux
» mois, les Français ne pouvant ré-
» sister quinze jours au premier choc
» de la coalition. En effet, privés
» d'officiers habiles, ils n'ont, pour
» composer l'armée, que des soldats
» de fortune, roturiers de cœur comme
» de naissance, qui n'exerceront ja-
» mais d'autorité sur un ramas de vo-
» lontaires dont l'indiscipline, passant
» dans les camps, ne montrera le jour
» de bataille que des lièvres fugitifs
» devant la valeur éprouvée des vieil-
» les bandes de la Germanie. Où pren-
» dront-ils leurs canons, leurs fusils,
» leurs munitions de toute espèce?
» Auront-ils le loisir d'approvisionner
» leurs places fortes? Qui leur ensei-
» gnera l'art de les défendre contre

» un ennemi fertile en stratagêmes ?
» Mais je veux qu'ils aient en leur
» pouvoir tous les moyens que je leur
» refuse, auront-ils jamais l'avantage
» du nombre et l'expérience, qui dou-
» ble le courage ? Non, mon ami ;
» l'évidence que ce colosse de liberté,
» naguère fondé sur l'argile, va s'é-
» crouler tout à l'heure, me presse
» de vous déterminer au plus tôt. Je
» vous accorde trois jours pour la ré-
» flexion. »

Une pareille sortie contre l'objet de mon admiration me causa le plus grand étonnement. J'étais bien loin de voir du même œil que le comte la disposition de l'armée française ; mais il pouvait avoir raison sur d'autres points. Je craignais sur-tout la perte de ma charge, qui m'avait coûté de fréquentes, de longues, de pénibles démarches; car, au milieu des révolutions, on a bientôt fait le tour de la roue; et puis l'espoir dont il me flattait, que, rentrant incessamment dans la France, un emploi bien supérieur me dédommagerait amplement de la perte que je m'imposais, vint me décider du côté de l'émigration.

Nous partîmes donc pour Aix-la-Chapelle. Toutes les routes étaient couvertes d'anciens soldats qui rejoignaient leurs corps, ou de volontaires entonnant des chants guerriers. Ils n'avaient point du tout l'air de ces lièvres timides si ravalés par le comte: au contraire, je croyais remarquer dans leurs regards animés l'ardeur bouillante d'une jeunesse avide de la gloire des combats, et courant au trépas pour fonder la liberté de son pays. J'en fis l'observation au comte, qui se mit à sourire, en remuant la tête de côté. « Bravade, me dit-il, pure fanfaronnade que tout cela! C'est sur le terrain que je les attends. »

En arrivant à Aix-la-Chapelle, nous trouvâmes une foule d'émigrés des diverses provinces de France, qui s'amusaient, s'égayaient, jouaient, donnaient dans la Nouvelle-Redoute des repas et des bals aux beautés du pays. Leur or coulait comme un ruisseau, dans l'espérance très-prochaine d'en renouveler le cours chez leurs fermiers, s'il venait à se tarir ici. Quand la bourse des plus pauvres ou des plus dissipés trompait leurs desseins, l'un cherchait dans la lecture un remède contre l'ennui; l'autre, à qui l'usage du monde tenait lieu d'esprit, écrivait des livres au lieu d'en lire; celui-ci s'érigeait en professeur, et le devenait par des travaux opiniâtres; celui-là, que la nature avait doué du talent de l'intrigue, et qui peut-être l'avait étudiée au théâtre, se faisant chevalier d'industrie, se donnait publiquement la qualité de prince d'Orange. On le prenait au mot, et les épithètes d'altesse et de monseigneur sonnaient si haut aux oreilles du pauvre sire, que ses manières en acquéraient plus d'aisance et de liberté. Les dames mettaient un empressement risible à suivre ses volontés, à démêler ses regards, à deviner le motif de son sourire; elles se trouvaient tout particulièrement honorées, quand son altesse avait daigné leur adresser la parole ou les nommer. Mais les dettes qui suivaient la principauté, commençant par jeter un éclat très-fâcheux, la crédulité des moins dupes finissait par s'alarmer, et l'on découvrait chez monseigneur en fuite des rouleaux de sable pour des pièces d'or.

C'est dans de pareilles circonstances que je vis cette antique cité, l'affection de Charlemagne, et le rendez-vous d'une foule d'étrangers venant aux eaux. Le comte d'O....gue y demeura trois semaines; mais voyant faiblement l'apparence de retourner à Paris avant un mois ou deux, il me proposa de pousser jusqu'à Coblentz. Je ne pus m'y décider, parce que, prévoyant déjà la fausseté de son calcul, le peu d'argent dont j'étais possesseur me donnait des craintes sur l'avenir, et je ne voulais point ressembler aux émigrés appauvris par un excès de confiance aux événemens, qui les précipitait presque tous dans un luxe déplacé. Le comte s'en alla, me plaignit, et me laissa pour adieu le blâme de mon refus.

Me trouvant isolé dans ce monde nouveau pour moi, l'ennui me gagna. J'eus tout le loisir de déplorer l'instant fatal où le comte, m'arrachant à mon pays, m'avait fait perdre étourdiment une place aussi honorable que lucrative. Ses conjectures, loin de se réaliser, m'assuraient trop tard qu'il avait pris pour de la prudence le raisonnement trompeur d'une tête exaltée par ses pertes. Je songeai donc à revenir en France avant que l'on y connût mon émigration. D'ailleurs, si plus tard les événemens me la rendaient utile, j'avais tous les moyens de l'attester. Dans le cas contraire, le silence le plus absolu me sauvait, ou je prouvais mon absence par des raisons de santé. Pouvait-on me faire un crime de vouloir la rétablir dans un lieu célèbre où du bout de l'Europe on vient la chercher. C'était là mon sentiment ; je ne prétends point le justifier ; mais puisque je mets de la franchise dans ces Mémoires, il faut bien qu'il y en ait dans tous mes aveux.

Comme il serait possible que le lecteur ne reçût pas avec indifférence quelques notions sur ce pays et ses environs, je lui mettrai rapidement sous les yeux le résultat de mes observations dans les courses qui précédèrent mon départ. J'y joindrai même une anecdote qui n'a pas laissé d'égayer les amateurs du scandale, au moment où l'on n'imposait guère de bornes à sa joie.

Aix-la-Chapelle, situé au midi du Louisberg *, renferme une basilique où le corps de Charlemagne est déposé. Le rond-point et le chœur sont d'une grande beauté. Vis-à-vis l'hôtel-de-ville, dont une des tours est, dit-on, l'ouvrage des Romains, se voit une belle fontaine à neuf jets, surmontée

* C'est un mont de sable.

d'une statue de bronze pesant quinze milliers, représentant Charlemagne dans une posture voisine du ridicule. Les bains y sont nombreux et commodes. Ceux de marbre unissent l'élégance à la beauté. Du tems de l'empereur Charles, ils étaient si vastes qu'il s'y baignait avec toute sa cour, c'est-à-dire que cent cinquante personnes pouvaient y entrer à-la-fois. Maintenant ils sont partagés de telle sorte que le plus grand, celui des pauvres excepté, ne contient pas douze individus.

Du sommet du Louisberg on voit aussi se déployer à gauche, sur le penchant d'une colline, la petite ville de Borcette, à quatre cents pas d'Aix, et qu'une chaîne de montagnes d'un bel aspect domine en forme d'amphithéâtre. La vue est réjouie sur des coteaux, des vallons, des plaines, des prairies, des ruisseaux, des fontaines, des châteaux, des moulins ornés de masses de verdure, qui donnent à la végétation un grand air de vigueur. Il se trouve ici trois courans d'eau bien surprenans, en ce que le premier est naturellement très-chaud, le second tiède, et le troisième froid. Ils coulent à deux pieds de distance l'un de l'autre.

Tout près de là s'élève le château de Frankenberg, assiégé par Spinola dans le quinzième siècle. Ce n'est plus qu'une vieille tour délabrée où se retirent les hibous et les chauve-souris. Il en est de même d'une autre tour qui remonte au tems de Charles, et sur laquelle un vieux chêne assez gros prit racine, il y a trois siècles. Un peu plus loin, Drinborn appelle l'observation des curieux : l'art et la nature en ont fait un lieu charmant. Mais ce qui fixe plus particulièrement l'attention des étrangers est un hermitage entouré de bois, de montagnes et d'eaux courantes, à une lieue d'Aix. C'était jadis la maisonnette d'un solitaire, dont on a bâti une petite chapelle sur le terre-plein, au milieu de sapins fort élevés. Le calme de cette solitude inspire à l'ame un sentiment mélancolique et religieux qui a ses douceurs. Elle n'est troublée que par l'agitation du pivert, du pigeon ramier, du moineau, du verdier, ou par le concert délicieux des rossignols qu'on y voit en grand nombre.

C'est dans cet endroit que se font les parties de plaisir ; c'est aussi là que l'espoir du bonheur provoque les doux pique-niques. Chacun, plein d'allégresse, y porte son tribut volontaire. La route aiguillonne l'appétit; on arrive un peu las d'avoir monté; l'on se met à table; les visages paraissent radieux de ce contentement que donne la nature qui veut réparer ses forces. On parle peu; l'on mange vîte, beaucoup et long-tems : on fait une pause... La gaieté vive et pétillante remplace le tendre sourire, et le bon vin fumeux fait jaillir avec le bouchon les bons mots. On sort de table les yeux humides d'une sorte de volupté qui demande le grand air; on court dans les bois ; on folâtre sur les coteaux ; on franchit les buissons; des ronces impitoyables déchirent les robes : quelques regrets se mêlent au plaisir; mais il y a dans tout cela un certain charme qu'il faut goûter pour le sentir.

Passons maintenant à Mont-Joie, rendez-vous de chasse de Charlemagne, où l'on voit encore un vieux château assis sur un roc élevé, dominant la ville, qui, dans un étroit vallon coupé d'une rivière par le milieu, n'a, je crois, que deux rues fort irrégulières. Les maisons y sont surmontées de jardins, par étages, jusqu'au sommet des rochers. On remarque aussi dans le mur du château, vers la terrasse, d'antiques portes de fer si rouillées, qu'un homme passerait aisément par les trous opérés dans un espace de plus de mille ans.

C'est à trois ou quatre lieues de cette ville que l'on découvre la belle plaine de Zulpich, l'ancienne Tolbiac *, où Clovis, en 496, donna cette mémorable bataille dans laquelle il fit vœu d'adorer le Dieu des chrétiens. Derrière l'autel de l'église est un souterrain d'une forme à peu près carrée, où l'on descend environ quinze marches, et dont la largeur ou la longueur n'a guère plus d'une vingtaine de pieds, sur environ huit de haut. La voûte en est soutenue par douze colonnes qui semblent remonter à deux mille ans. On croit que, dans ce temple dédié aux an-

* Les habitans, en creusant la terre du champ de bataille, rencontrent quelquefois des épées, des fers de lance, des casques et des boucliers.

ciennes divinités, Clovis vint remercier le ciel de sa victoire.

De Zulpich, ceux qui aiment les belles vues et les eaux minérales peuvent se rendre à Spa, en prenant les chemins de traverse qui laissent de côté le Limbourg, et vont aboutir aux Ardennes. Ils verront une immense forêt peuplée d'excellent gibier, et des rivières abondantes en poisson délicieux. Ils boiront les eaux du Pouhon, dont le mélange avec le vin blanc de Moselle le fait pétiller comme du Champagne, et donne au palais cet agréable picotement qui pourrait tromper bien des gourmets. Ils iront, sur des mazettes dont le trot dur hâterait la plus opiniâtre des digestions, avaler quelques verres d'une eau plus froide encore que celle du Pouhon, aux fontaines voisines du Watroz, de la Géronstère et de la Sauvinière; puis, se plongeant dans le grand bain du Tonnelet, ils en sortiront tout jaunes et couverts d'ocre, pour revenir chantant par le rocher des Deux-Amans, qui longe à droite une partie du bourg.

Aime-t-on la bonne chère? on vous sert avec une fine pâtisserie du faisan des Ardennes, du coq de bruyères, du poisson délicat, et ces côtelettes succulentes d'un mouton nourri de serpolet, dont la réputation est aussi grande que méritée. Veut-on se promener dans le vallon? on trouve ce plaisir à deux pas; courir dans les bois? il suffit de monter; voir une cascade? vous y arrivez en moins d'une heure ; rencontrer dans un seul local l'avantage du bal, du spectacle et du jeu? vos désirs sont comblés. C'est ici même une attention toute particulière de la part du propriétaire, qui a voulu que, dans une pièce de plain-pied, après avoir dansé longtems, on pût se délasser par les chances du sort, et prendre à la comédie une honnête distraction pour faire oublier des pertes trop souvent cruelles.

Comme alors on n'est pas éloigné de Chaud-Fontaine, vous pouvez trouver à ses bains un juste milieu entre celui du Tonnelet et ceux d'Aix-la-Chapelle, parce qu'au Tonnelet l'eau est froide, que celles d'Aix sortent presque bouillantes de leur source, et qu'à Chaud-Fontaine elles coulent naturellement et sans mélange, dans l'état de chaleur propre au corps humain. Elles ont, en outre, la propriété de rendre la peau presque aussi douce qu'avec l'eau de savon. Mais il est tems que je revienne à Aix, pour raconter l'anecdote que j'ai promise.

Les émigrés, en arrivant dans cette ville, apportaient avec la richesse un grand fonds de vanité. Les plus opulens, jaloux de s'attirer des hommages, étaient fort aises que l'on démêlât leur importance dans leur manière de vivre. Ils voulaient donner à ce beau séjour l'air de la capitale de France, et montrer aux Allemands comment un grand seigneur passe le tems à Paris. Les gentilshommes prétendaient, à leur tour, suivre d'aussi beaux modèles, autant par l'orgueil, qui veut toujours s'élever, qu'afin de s'attirer le bruit flatteur de la multitude, exaltant l'homme fastueux. L'exemple même gagnait jusqu'aux valets, qui, cherchant à singer leurs maîtres, ne demandaient pas mieux que de trancher du gentillâtre.

Parmi cette foule de personnages, martyrs de leur noblesse, figurait le baron de V.....y ; mais d'une tout autre manière. Il avait dans l'ame une pente à l'avarice qui le rendait remarquable. Il portait des vêtemens usés, quoique assez propres. Sa maîtresse, dont les sentimens ne brillaient pas dans la dignité, recevait de sa main libérale six francs la semaine, pour son entretien et ses menus plaisirs. Un jour, il invita quinze personnes à un dîner, dont je faisais partie, et le matin même un ami vint lui demander à déjeûner. Comme il passait dans la cuisine, il vit des côtelettes sur le gril : « Que diable faites-vous donc ? dit-il au cuisinier ; vous mettez au feu trois côtelettes, et nous ne sommes que deux ! » C'est à peu près ainsi qu'il en usa pour le dîner, car il nous régala des échantillons que son marchand de vin lui avait envoyés pour les goûter.

Un comédien de Cologne, qui joignait aux talens de son état celui de la peinture, se rendit dans cette ville et s'y arrêta pour faire des portraits. Le baron eut envie d'envoyer le sien à sa femme, restée en France ; il fit venir l'artiste, et convint du prix de quatre louis. Le portrait fini, fut trouvé par ses amis médiocrement ressemblant. Le baron étant du même avis, s'en plaignit au peintre avec beaucoup d'amertume, et lui refusa la moitié du prix convenu. Celui-ci n'en voulut point démordre, et tandis qu'il réclamait intégralement le fruit de son travail, il examinait assez son personnage pour corriger les défauts signalés par la censure.

En effet, le portrait fut retouché, mais le malin auteur y ajouta l'ornement singulier d'un Midas; et, au lieu de le rapporter au modèle, il l'exposa publiquement dans le lieu le plus fréquenté, chez un fort marchand d'estampes. Bientôt le portrait courut la ville; tout le monde le trouva frappant de vérité. Le baron, presque atterré de ce contre-tems, envoie la somme exigée à l'acteur qui, fier de son succès, veut en tripler le prix, jurant sur l'Evangile et ses grands dieux que la miniature ne sortira jamais de chez lui, à moins de cent écus. Des accommodemens sont proposés et rejetés. L'inflexible peintre refuse d'en rien rabattre; il est sourd à toutes les sollicitations, il se moque du scandale, et son opiniâtreté, triomphant de l'avare modèle, l'oblige à retirer la copie de sa figure, afin de la soustraire à la malice de la curiosité publique.

J'abandonnai donc Aix-la-Chapelle au milieu des fêtes, où je n'eus pour ainsi dire aucune part, dans l'intention de retourner à Paris, couvert du plus sévère incognito. Je passai près de cette armée qui devait bientôt, par la bataille de Jemmapes, décider à-la-fois du sort de la Belgique et de la république française, en trompant l'espérance du comte d'O....gue, aussi bien que celle de la noblesse et de l'étranger. Je trouvai la capitale dans une extrême agitation. Le gouvernement, sans unité, flottait incertain entre divers partis qui s'observaient pour se détruire. L'audacieux Danton, regardant, disait-il, l'établissement de la république comme *l'affaire d'un déjeûner*, venait de faire prononcer la déchéance de l'infortuné Louis XVI. La France attendait, dans une vive anxiété, les résultats de cette grande mesure.

Sans approuver les vues de la Convention, je cherchai l'occasion de me lier avec les principaux de ses membres.

afin de retirer quelque utilité de leur commerce. Je pouvais, par leur crédit, retrouver l'emploi que mon émigration m'avait fait abandonner, et réparer ainsi une faute capitale, si nuisible à ma fortune. J'étais, il est vrai, bien éloigné de songer à m'enrichir avec les dépouilles des victimes qu'ils sacrifiaient à l'idole de la liberté ; mais je pensais que c'est toujours une honnête précaution d'offrir ses services pour occuper des rangs éclaircis par le malheur des tems.

Je vis fort discrètement quelques députés dont les sentimens étaient opposés : c'est un moyen que souvent la prudence exige, quand on veut réussir ; parce qu'étant appuyé sur deux points à-la-fois, l'un peut vous supporter, si l'autre vient à fléchir. Tantôt j'allais chez B....., tantôt chez L....., aujourd'hui chez Legendre, le lendemain chez Vergniaud. Je saluais le matin G......, et le soir Danton qui ne se levait qu'à midi. Je vis aussi deux fois Camille-Desmoulins, et je me souviens encore d'une anecdote qu'il se plaisait à raconter. Son père avait un procès sur le point d'être jugé : Desmoulins, curieux de connaître avant le jugement l'opinion de ses juges, s'introduit furtivement dans la salle d'audience ; il se cache, comme Orgon dans *Tartufe*, sous la table, couverte d'un tapis. Ces messieurs arrivent. On ferme les portes. Le rapporteur lit un discours tendant à faire condamner le père de Desmoulins. Le fils, alors, sort furieux de dessous la table, la renverse, effraie les juges avec sa chevelure hérissée et sa robe d'avocat, leur dit mille injures, et s'en va. On pense bien qu'une pareille incartade ne fut point favorable au procès.

C'est ce même Camille qui, montant au tribunal révolutionnaire, s'exprimait ainsi : « Je m'appelle Camille-Desmoulins ; j'ai trente-trois ans, âge du sans-culotte J. C. quand il mourut, âge fatal aux révolutionnaires. » Ces paroles, dans la bouche d'un fameux conventionnel, donnent la couleur de toute une époque.

Je n'avais aucune répugnance à fréquenter Legendre, puisque MM. L....h, dont il était le fournisseur en viande, trouvant du plaisir dans son entretien, l'avaient félicité sur une éloquence et des moyens de parvenir très-propres à flatter son orgueil et son ambition. Le duc d'Orléans même ne lui faisait-il pas aussi sa cour, en l'invitant à prendre souvent du thé dans son palais? Il est bien vrai qu'en parlant de la fille Renaud, accusée d'avoir tenté d'assassiner Robespierre, il dit que « la main du crime s'était levée pour frapper la vertu »; mais il est également juste d'avouer qu'il refusa de participer aux massacres de septembre.

D'ailleurs, je l'ai toujours cru de bonne foi, même quand il nous assurait, avec l'énergie d'un boucher, qu'on le couperait en quatre-vingt-huit parts, afin d'envoyer un morceau de son corps dans chaque département, plutôt que de l'obliger à faire quelque chose de contraire à la république. Aussi voulut-il se séparer de Roberspierre et de ses complices, après les avoir mieux jugés. « Ils ont dressé un » théâtre, ajoutait-il assez plaisam- » ment, où chacun d'eux joue un rôle » plus ou moins odieux. L'histoire est » sur les planches, et Roberspierre est » au trou du souffleur. »

Legendre assurément serait devenu, dans nos discordes civiles, un personnage extraordinaire et peut-être des plus éloquens, avec une meilleure instruction. C'est ce qui portait l'oracle de l'assemblée à dire : « *Si Legendre* » *avait fait sa sixième, il nous passerait* » *tous.* »

Je n'aimais pas L.....e dont l'ame,

naturellement tournée aux grands excès, semait les calamités dans ses missions, et qui, proscrivant les riches au nom du peuple, déployait sur eux des rigueurs si terribles que ses collègues effrayés le rappelèrent dans leur sein. Je lui parlais quelquefois comme à l'homme que l'on doit ménager; mais ses yeux méchans, ses lèvres serrées, son sourire plein d'amertume et sa figure crispée me tenaient devant lui constamment dans la gêne. C'est un homme petit, suffisant, fort médiocre, dont la fausse chaleur tire des termes ambitieux du moindre sujet, et donne à son style, dénué de pensées, l'importance d'un rapport sur une conspiration découverte.

Je voyais d'un autre œil le limousin

Vergniaud. Celui-là, malgré son emportement contre les émigrés, dont toutefois il revenait chaque jour, m'entraînait dans son opinion avec une merveilleuse adresse; car ses discours, ornés d'une séduisante flexibilité d'organe, sortaient tout en images du fond d'une ame émue, espèce de puissance non moindre sur la multitude que celle des raisonnemens les plus convaincans. Il nous disait, un jour, que la révolution, comme Saturne, dévorait ses enfans. Lui-même en fut une éclatante victime, après avoir lutté avec tant de courage contre l'érection du tribunal révolutionnaire. J'ai toujours présens à la pensée ces mots remarquables, qui peignent si bien l'élévation de son ame : « Pourquoi présenter sans cesse

» la liberté et l'égalité sous la forme
» de deux tigres qui se dévorent, tan-
» dis qu'on devrait les offrir sous celle
» de deux frères qui s'embrassent ? Si
» l'on repousse la liberté, c'est qu'on
» ne l'aperçoit que sous un voile en-
» sanglanté. Quand, pour la première
» fois, les peuples se prosternèrent
» devant le soleil, qu'ils appelèrent
» le père de la nature, croyez-vous
» qu'il s'enveloppa des nuages qui por-
» tent la tempête ? »

J'aimais Vergniaud parce que ses mœurs étaient douces, et qu'il apportait un grand fonds de probité dans le commerce du monde. Mme Roland, femme du ministre *, ne le pouvait souffrir,

* Il se donna la mort, à quatre lieues de Rouen, en apprenant celle de sa femme.

dit-elle, en ce qu'il témoignait un profond mépris pour l'espèce humaine. Il fallait donc qu'il ne s'en ouvrît qu'à cette dame, car ses amis, que je sache, ne l'ont jamais remarqué. Madame Roland est celle qui, marchant à l'échafaud, conserva sa gaîté, fit sourire à ses côtés une compagne de son infortune, et s'écria, passant inclinée devant la statue colossale de la liberté : « O grande déesse, que de » crimes on commet en ton nom! »

Danton me plaisait moins que Vergniaud, à cause qu'il était jureur et ordurier. Peu d'hommes ont réuni à la hauteur de la stature, aux formes athlétiques, aux traits si bien prononcés, à la voix de Stentor, une si grande audace, une imagination si ardente, une élocution si véhémente que cet orateur. Il employait quelquefois avec la plus vive énergie les images les plus gigantesques. Si le conseil de Louis XVI eût été plus pénétrant, il aurait acheté ses poumons, comme on croit qu'il le fit des talens oratoires du fameux comte de Mirabeau *. On aurait certaine-

* Voici l'abrégé d'un portrait qu'on a tracé de cet homme vraiment extraordinaire.

« Mirabeau, orateur sublime, nommé le » *Démosthènes français*, le *Jupiter tonnant*, » avait une ame toute de feu, un caractère » naturellement impétueux, un bel organe, » une grande chaleur de pensée, un choix » d'expressions faites pour entraîner les au» diteurs, une extrême assurance qu'on pour» rait appeler une mâle audace, une grande » présence d'esprit, une adresse qui est un » modèle d'éloquence la plus rare, des gestes

ment évité par-là de grands malheurs, puisqu'il demeure constant que ce fut Danton qui fit décider l'établissement de la république.

J'étais dans son cabinet, quand quelques députés s'y rendirent, à l'occasion de l'entrée des Prussiens en Champagne : « Regardez-moi, leur » dit-il avec son mâle organe et le » geste le plus imposant, la nature » m'a donné la physionomie âpre de

» expressifs et non forcés, un air imposant » et souvent dédaigneux, un maintien no- » ble, un œil sévère. Naturellement bilieux, » la moindre résistance l'enflammait, et » lorsqu'il semblait le plus irrité, ses ex- » pressions en acquéraient plus d'élégance et » d'énergie. Grand comédien, son organe » et son geste ajoutaient un nouvel intérêt » à tout ce qu'il disait. »

» la liberté ; j'ai dans mon cerveau des » ressources capables de faire trembler l'univers ; j'irai demain à l'assemblée vous fouetter le sang. » Il tint parole. Quelques jours après il ajoutait : « Le métal bouillonne ; mais » la statue de la liberté n'est pas encore fondue : si vous ne surveillez » le fourneau, vous serez tous brûlés. » Un jour, qu'il avait à se plaindre de Roberspierre, il s'emporta contre l'instrument du supplice en permanence, et après avoir lâché sa bordée de juremens ordinaires, il nous dit plus tranquillement : « En révolution, » une saignée nationale de vingt-quatre heures est quelquefois nécessaire ; mais tuer les hommes à coups » d'épingle est une fausse mesure. »

Comme une foule d'autres, Danton cherchant ou feignant de chercher la liberté, la traversa pour aller à l'échafaud. C'est ce qui fit dire, en pleine assemblée, à je ne sais quel député des plus notables : « Que la république s'é- » tait glissée en France au milieu des » cadavres, même à l'insu de tous les » partis. »

La recommandation des hommes qui tombaient sous le fer avec le terrible nom de conspirateurs, n'était guère capable de contribuer à mon avancement. Toutefois Vergniaud m'ayant procuré la connaissance de F......, celui-ci me fit nommer receveur des contributions à L***. C'était malheureusement à l'époque où les assignats perdaient chaque jour une valeur marquée. Les contribuables me lassaient de leurs réclamations; je les écoutais, le plus souvent sans comprendre leurs discours; je laissais couler tranquillement les erreurs, en espérant qu'une éponge salutaire y passerait avec le tems. La confusion se glissa dans mes papiers, et gagna jusqu'aux chiffres. J'eus bientôt tellement embrouillé ma comptabilité que je ne pus m'y reconnaître. J'opérais néanmoins avec assez de régularité mes versemens; je mettais même dans mes bordereaux une apparence d'ordre qui tranquillisait mes surveillans; mais cela ne remédiait pas au mal que le tems ne pouvait qu'aggraver.

Pour m'étourdir un peu sur ma situation, ou plutôt afin d'en sortir sans risque, j'adressai des présens à mes protecteurs. Je fis passer à l'un vingt-cinq bouteilles de vin de Tokai, à l'autre un panier de liqueurs, à celui-ci, qui faisait ses délices de la bonne chère, une hure de sanglier farcie, et une bague ornée de rubis à la maîtresse de celui-là dont le tempérament passait pour voluptueux.

Au moyen de ces attentions, j'eus tout le loisir de former dans ma caisse un brillant déficit. Ne pouvant l'empêcher de paraître, ma position devint si fâcheuse qu'elle ne me permit pas de rester avec honneur à mon poste. Je le quittai donc brusquement un beau matin, pour me remettre dans les bras de ceux qui me voulaient du bien. J'écrivis un long mémoire où je prouvai, clair comme le jour, que le dérangement de ma caisse provenait moins de mon inexpérience que de la criminelle adresse d'un commis environné de toute ma confiance. Je passai, bien entendu, sous silence quelques repas trop splendidement donnés aux fonctionnaires de ma petite ville, ainsi que les parties de plaisir préparées avec soin pour des dames dont je recevais des bontés. Mon mémoire, appuyé de nouveaux présens, produisit son effet. On nomma promptement un rapporteur que l'un de mes patrons fit entrer dans mes intérêts, et l'affaire, totalement assoupie, m'épargna la honte de rougir devant mon péché.

Le gouvernement, sur ces entrefaites, vint à changer de forme : son pouvoir fut remis tout entier dans les mains du directoire exécutif. Je témoignai un vif attachement à cette révolution qui, posant un terme à l'effusion du sang français, offrant le calme après la tempête, devait aussi me faire naviguer assez heureusement sur une mer où je fondais de nouvelles espérances. Je cultivai l'amitié de plusieurs personnes en relation soit avec le directoire, soit avec les ministres. J'assistais quelquefois à de grands dîners, et je me rappelle encore celui où B.......te, en goguettes, dit à l'un des convives, parlant des directeurs, dont il était mécontent : « Voulez-vous parier qu'avec » vingt-cinq hussards je vous amène » avant deux heures, dans cette salle, » les cinq b.....s en costume ? » Il ne se doutait guère alors de sa propre élévation. Ces mots me suggérèrent la réflexion que tout gouvernement dont on ne craint point de faire sentir ainsi la faiblesse tient à bien peu de chose, puisqu'il dépend de la volonté d'un seul homme de le renverser; et il est certain que si B.......te eût voulu ce qu'il disait, son audace pouvait l'exécuter. Nous avons d'ailleurs assez vu qu'au moyen d'une foule d'hommes et de femmes payés à raison de quarante sous par jour, on organisait une insurrection de commande, qui donnait aussitôt à la constitution régnante un nouveau numéro.

Quoi qu'il en soit, le fruit de mes liaisons fut une place de juge au tribunal de première instance, dans l'arrondissement de ***. Cette dignité me devint très-utile, parce que, ayant occasion de voir Mlle Sophie M... t, dont le père, négociant, faisait un commerce étendu, je m'unis à son sort en recevant avec sa main une dot de soixante mille francs. Elle était âgée de vingt-deux ans; j'en avais quarante, et dix se sont écoulés depuis que la mort me l'a ravie. Un garçon me reste de cinq enfans qu'elle m'a donnés.

Sophie M...t était petite et fort bien faite ; ses yeux bleus avaient de l'éclat. Le sourire était presque toujours sur ses lèvres, et l'incarnat de la rose sur ses joues. Quoique brune, sa peau éblouissait de blancheur. On ne voyait ni un bras plus arrondi, ni une plus belle main. Elle mettait de la grâce dans la moindre action. Son esprit avait aussi de la culture ; elle s'exprimait bien, et avec un son de voix qui touchait l'ame. Naturellement aimante, toute sa crainte était de causer du déplaisir; ce qui lui donnait un air facile et prévenant que quelquefois on jugeait faussement, mais sans en mal penser. La seule chose qui fut répréhensible en elle, c'est que, dans la justesse de ses idées, dans la délicatesse même de ses sentimens, elle manquait de caractère pour les soutenir. Quand quelqu'un, par exemple, lui faisait l'offre d'un présent, son premier mouvement le repoussait. Si l'on insistait, elle renouvelait ses refus; mais si l'on venait à persister, craignant à la fin de déplaire, elle aimait mieux s'exposer à ma censure que de renvoyer triste et mécontent un homme dont l'importunité pouvait me compromettre.

Trois mois après mon mariage, la présidence du tribunal étant vacante par la mort de M. P..... r, je fus présenté pour le remplacer. J'obtins cette faveur à l'aide du crédit de mon beau-père, qui ne crut pas nécessaire d'employer celui de mes amis dans une circonstance où, disait-il, le mérite avance de droit. La présidence m'attira des envieux parmi mes collègues. Tout en me félicitant d'un succès qui contrariait leurs vues personnelles, ils montraient dans leurs regards une réserve inquiète dont le motif me semblait partir du droit d'ancienneté qu'ils avaient sur moi, autant que du regret d'avoir vu mes prétentions si promptement couronnées.

Je remplissais les devoirs de ma charge avec zèle ; je feuilletais tout le jour la jurisprudence ancienne et moderne ; souvent je passais une partie des nuits, tirant des extraits des plus fameux légistes ; j'en formais des recueils qui facilitaient mes recherches, et je m'efforçais de justifier ainsi le choix de ma personne parmi mes rivaux. Il me semblait, en général, qu'on était assez satisfait de la manière dont je m'acquittais de mes fonctions ; mais un fatal procès vint tout-à-coup troubler le cours de mes prospérités.

La seconde ligne des douanes passant dans mon arrondissement, une affaire de contrebande fut portée au tribunal de première instance par les agens de l'administration. Le prévenu se rendit aussitôt dans mon cabinet, et me fit de sa conduite un exposé qui me parut aussi clair que fidèle. C'était un voyageur dont la bonne foi surprise l'avait mis en contravention sans s'en douter. Il me pria de lui rendre la justice qu'il avait droit d'attendre d'un magistrat intègre placé par les lois entre le peuple et l'autorité. Je l'assurai qu'il devait se reposer sur l'équité du tribunal que j'avais l'honneur de présider, et que si sa réclamation était fondée, il en connaîtrait bientôt les résultats. Il sortit. Cinq à six jours après, il me fit une autre visite; mais dans la crainte de laisser paraître le soupçon que je prenais de l'intérêt à cette affaire, je le priai de ne plus revenir avant qu'elle fût jugée. Sans doute qu'il envisagea cette prière comme un dessein formé de le condamner, car il obséda si bien ma femme que, pour s'en débarrasser, elle fut contrainte d'accepter une soupière d'argent à mon insu. Je l'avais déjà beaucoup grondée d'avoir reçu, dans une autre circonstance, un huilier semblable. Elle s'était donc vivement défendue de l'offre de la soupière; mais comme je l'ai dit, ma femme, avec des sentimens élevés, faiblissait devant le présent le plus léger, parce qu'il était impossible à son cœur de le repousser, de peur de chagriner l'homme suppliant réduit à cette pénible démarche.

Je sais bien qu'elle aurait pu vaincre mes scrupules, en me représentant ma conduite envers mes protecteurs, qui jamais ne s'étaient fait un cas de conscience de mes envois; cependant la différence est grande entre un présent offert afin d'obtenir un poste ou le conserver, et des cadeaux avilis dans la main qui les donne pour souiller la vérité au milieu du sanctuaire de la justice. Enfin, quelle que soit cette différence, la soupière fut reçue; elle passa même peu de tems après sur ma table à côté de l'huilier, et l'accusé gagna son procès; c'est dire assez qu'il était innocent à mes yeux.

Malheureusement il ne le fut pas devant les tribunaux supérieurs. L'affaire eut beaucoup plus d'éclat qu'elle n'en méritait. On y mit une couleur de séduction qui me fit trembler. L'envie saisit avec empressement l'occasion de me susciter mille ennemis invisibles. L'un d'eux partit en poste pour la capitale; et comme un malheur va rarement sans un autre, le ministre qui m'avait fait nommer fut changé; de sorte que mes amis étaient à peine prévenus de ce qu'on ourdissait contre moi, quand la nouvelle de ma révocation me parvint.

A mon tour je courus à Paris sans perdre un instant. Je visitai les bureaux au refus d'une audience ministérielle. Chacun des chefs s'excusait d'avoir prêté les mains à ma disgrace. Ils me renvoyaient chaque jour avec l'espoir d'une réintégration, jusqu'à ce que, fatigués de mes importunités, ils cessèrent d'être visibles pour l'ex-président. Mes amis ne me furent pas plus utiles, faute d'un libre accès auprès du nouveau ministre. Quelques-uns eurent bien l'occasion de le voir; mais on sait qu'une recommandation manque presque toujours son effet, quand elle ne vient point de la puissance ou des liaisons avec le magistrat dont on sollicite la faveur.

Deux années se passèrent dans l'attente d'un meilleur sort. Durant cet intervalle, je faisais des excursions autour de Paris; j'allais souvent à Franconville, et sur-tout à Saint-Brice, où je rencontrai pour la première fois la belle T..... n, qui connaissait le directeur B.... s. Elle me prit en amitié, me permit de venir la voir à Paris, et me conseilla de composer sur l'administration publique une brochure qu'elle devait, dans mon intérêt, soumettre à B.... s. Je suivis son conseil, et je consacrai plusieurs mois à ce travail.

Passant auprès du Luxembourg, je la rencontrai qui sortait de la grande salle de ce palais ; c'était le matin même du jour d'une fête publique : « J'ai parlé » de vous à B....s, me dit-elle en montant dans sa voiture ; écrivez votre » Mémoire ; il m'a bien promis qu'il » ne vous oublierait pas. » Cette nouvelle me causa beaucoup de joie, et ne pouvant d'avance en remercier mon protecteur, je choisis le moment de la fête pour le contempler à mon aise.

Bonaparte, général en chef de l'armée d'Italie, après la prise de Mantoue, avait chargé le général de division Augereau de déposer dans les mains du directoire exécutif soixante-cinq drapeaux ennemis tombés en notre pouvoir. Le directoire les reçut avec cérémonie au fond de la seconde cour du petit Luxembourg. Comme on n'y entrait que par billets, et que j'avais manqué de loisir pour m'en procurer, je m'introduisis jusqu'au balcon de la première cour par les souterrains qui communiquent du petit Commun au petit Luxembourg.

La foule se pressait aux portes, et la

garde avait peine à la contenir, quand une bonne femme se présentant veut entrer. Le factionnaire, fidèle à sa consigne, la repousse; elle insiste et se dit mère du général Augereau. L'officier du poste la laisse passer avec son mari, qui lui donnait le bras. Pendant ce tems le général lisait debout un long discours en présence des directeurs, assis au milieu du cortége. Quand le général repassa, précédé des drapeaux déployés par autant de soldats, la mère reconnut son fils et s'écria, pleine d'émotion en secouant le bras du bon fruitier son époux : *Tiens, tiens, vois-tu Jacques?* Jacques entendit très-bien, puisqu'il n'y avait pas trois pieds de distance entre ses parens et lui ; mais la dignité du saint lieu ne lui permettant point d'y faire attention, il monta les degrés devant eux, la tête haute et droite comme le sultan Soliman. Cependant il me semble qu'un homme sensible eût pu tourner l'œil mouillé d'une larme d'attendrissement vers les auteurs de son existence, sans pour cela déroger à la sévérité de l'étiquette républicaine.

Pour moi, j'attachai mes regards sur B.... s, dont la taille et le maintien avantageux contrastaient singulièrement avec le petit bossu L.........

L....x. Je conçus un excellent augure de la haute protection d'un homme auquel des formes aimables acquéraient encore de l'agrément par un sourire où se peignait la douceur.

Mon ouvrage étant terminé je le portai chez Mme T.... n. Quelle fut

ma surprise en le revoyant, trois mois après, au même lieu où il avait été placé sortant de mes mains ? Je lui en fis la remarque avec de grands ménagemens. « Que voulez-vous ! me ré-
» pondit-elle, l'instant n'est point du
» tout favorable. Le directoire suc-
» combe sous l'excès des travaux. Sa
» lutte avec les deux conseils, les me-
» sures prises à la suite de la révolu-
» tion dernière, les opérations des ar-
» mées, les nouvelles embarrassantes
» qui nous arrivent d'Egypte, tout
» survient, comme à point nommé,
» pour jeter de l'inquiétude parmi ses
» membres. B....s peut à peine me
» donner une heure la semaine, lui
» qui, dans des tems moins orageux,
» me recevait presque tous les jours.

» Quoi qu'il en soit, prenez patience, » je tiendrai ma promesse; il aura » votre Mémoire avant trois semai- » nes. »

En effet, il fut remis au directeur, mais sans produire le moindre résultat. Je commençais à murmurer contre un gouvernement dont l'empire baissait chaque jour dans l'opinion publique, lorsqu'on apprend avec étonnement l'arrivée de Bonaparte en France. Prévoyant que l'influence de ce général était de nature à causer un changement dans l'Etat, je recherchai bien vite les personnes que je croyais devoir l'approcher. Je fus heureusement inspiré, car immédiatement après la journée de Saint-Cloud, j'allai voir le conventionnel C........s avec lequel je m'étais trouvé deux ou trois fois chez Danton. Il me reconnut, m'embrassa, me disant : *Tout va bien*. Je lui donnai une copie de mon Mémoire, qui venait de subir quelques modifications : c'était un léger sacrifice au cours des événemens. Je me dispensai de lui dire que l'original avait passé sous les yeux de B....s. Il m'assura qu'il en donnerait connaissance au premier consul, et que j'en recevrais incessamment l'avis.

La recommandation de C........s, infiniment plus puissante auprès de Bonaparte que celle de Mme T.....n sur B....s, me procura de suite une commission de préfet à ***, en retour de mon attachement à la nouvelle cause. C........s m'en prévint par un billet,

On conçoit mon ravissement. Ayant été sans place depuis plus de deux ans, je partageais l'ivresse de la nation, qui pensait voir la réunion de tous les partis, et la liberté solidement établie, dans les principes de la constitution de l'an 8.

Je fus présenté au premier consul, dont l'aspect me frappa. Il était alors maigre et jaune; on voyait empreint sur son visage l'effet très-sensible des nuits passées dans l'insomnie. Il se mit à marcher devant moi les bras en arrière: « Qu'avez-vous fait jusqu'ici? me dit-il brusquement. Avez-vous servi? — Non, général; j'étais président du tribunal de première instance dans l'arrondissement de ***; l'injustice m'a fait révoquer. — Connaissez-vous le pays où vous allez ? il y a des têtes chaudes ; il faut les calmer. — Général, j'ai l'honneur de vous assurer que je mettrai dans mes fonctions tout le zèle.... — Il ouvre de grands yeux, et me regardant fixement : Allez chez le ministre, il vous donnera mes instructions; partez. N'oubliez pas sur-tout de ramener l'ordre. » Sa tête s'inclina légèrement, et je fus congédié.

Après avoir vu tous les ministres et mis ordre à mes affaires, je me rendis à ma destination. J'y fus reçu sans apprêts. J'attendis deux jours en vain la visite des fonctionnaires du chef-lieu ; ce ne fut que le troisième jour que l'ingénieur en chef des ponts et chaussées donna l'exemple, suivi des tribunaux, des employés supérieurs des diverses administrations, des principaux habitans de la ville, et des administrateurs supprimés du département.

La contenance des fonctionnaires publics me parut en général assez gênée. On ne connaissait point encore l'étendue de mes attributions. Ma personne, mon caractère, mes mœurs étaient ignorés. J'avais l'air de tomber des nues au milieu de ce pays; mais en rendant les visites, la politesse de chacun, plus ouverte, me rassura contre l'appréhension de n'être point goûté par mes administrés. Je donnai des dîners, j'en reçus, et la confiance ne fut pas longue à s'établir.

J'appelai près de moi ma femme et mon fils. On les fêta; les bals suivirent; les parties de plaisir devinrent fréquentes; la gaîté, bannie depuis long-tems de ces lieux, reparut avec les jeux et les divertissemens; on trouva que notre hôtel offrait l'image d'une petite cour. Cependant, malgré notre attention de plaire aux sociétés, nous ne fûmes pas toujours à l'abri de ce qu'on appelle *coups de langue* des petites villes. Il arrivait de tems en tems qu'à la suite des grands repas on entendait dire à demi-voix, dans l'escalier « que le dîner avait été mal servi, que tout était presque froid, les » viandes mal apprêtées, le vin mauvais, et que l'on sortait de table » mourant de faim. » Rien n'était assurément plus injuste, car le cuisinier, sans être un Daigrefeuille, connaissait son art, et je veillais moi-même à ce que chacun s'en allât content. Mais le moyen, je vous prie, de contenter tout le monde!

J'embrassais déjà fort aisément l'ensemble de mes travaux, lorsque la dignité de premier consul fut confirmée à Bonaparte durant dix ans. Cette mesure me sembla d'accord avec la politique et la raison. Ma satisfaction s'accrut encore quand la durée de son pouvoir s'étendit à celle de sa vie, parce que la tranquillité publique, mieux assurée, assurait aussi l'existence des fonctionnaires aimant le bien; mais ma joie n'eut plus de bornes en le voyant chef de l'empire comme Charlemagne. En effet, la monarchie reprenant ses droits sur un peuple si long-tems battu par les assauts d'une mer orageuse; les nations étrangères soupirant après le repos; la paix cimentant une longue union parmi tous les souverains; le commerce et les arts, qui en sont les doux fruits, enrichissant et embellissant tant de contrées dévastées par le feu des discordes autant que par la foudre des combats; cette éclatante perspective de bonheur éblouissait, si je l'ose dire, mon ame, mon cœur et tous mes sens.

Mandé par une lettre close, à Paris, je m'empressai d'être un des glorieux témoins de la cérémonie du couronnement. Je vis Napoléon, revêtu de ses habits impériaux, entrer dans la basilique de Notre-Dame, en tremblant. Quelqu'un, qui ne l'aimait pas sans

A. Desenne del. *Fr. Janet direx.t*

Mr. GIROUETTE *en* 1809.

doute, s'en aperçut à mes côtés, et dit assez haut pour que mes voisins pussent l'entendre : *Le coquin a peur* * ! Cela me rappelle son mariage avec l'ar-

* N'oublions pas non plus ce particulier qui, s'étant montré le jour du sacre à Notre-Dame, ne pouvait s'y introduire faute d'un billet. Voulant à toute force pénétrer dans l'intérieur, il imagina le moyen suivant, qui lui réussit complètement.

Il loue une voiture de remise, va chez un fort marchand de costumes, s'habille en évêque depuis les pieds jusqu'à la tête, monte en voiture orné de la mitre et muni de la crosse, se fait conduire à la cathédrale, et descend à l'une des portes latérales. On l'y admet fort poliment; on le place à côté des autres évêques sans soupçonner qu'il est intrus; et grâce à son stratagême, il voit la fête tout à son aise.

On connut ce trait au château; loin de s'en fâcher, l'on en rit comme le public.

chiduchesse d'Autriche. J'étais dans la galerie du Louvre, auprès de la porte d'entrée du côté du pavillon de Flore. Il fut très-long-tems sans paraître. Enfin le cortège défila devant huit mille personnes, dont trois mille dames éclatantes de richesses, d'ornemens, d'attraits, de jeunesse et de beauté. Napoléon se présente, donnant la main gauche à Marie-Louise. On garde le plus profond silence. Son visage devient soudain d'un pâle terne; il marche à peine; ses genoux semblent fléchir; il s'arrête, comme dans l'appréhension de quelque événement sinistre. Ce n'est qu'au milieu de la galerie, qu'un orchestre faisant éclater les fanfares, on entendit les cris de *vive l'empereur!* ce qui ranima son courage. Au retour de la chapelle après la cérémonie, ce n'était plus le même homme ; il était gai, droit, marchant librement, et saluant à chaque pas l'assemblée.

Trois jours après, et dans cette même galerie, voyant un nommé Dunant, contrôleur de la bouche aux Tuileries, et qu'il connaissait très-bien, Napoléon lui demanda ce qu'il était. Celui-ci lui répondit en hésitant et nazillant, selon sa coutume : *Sire, j'ai l'honneur d'être Dunant*. Ce qui fit rire l'empereur, et divertit la cour une partie de la soirée.

Il paraît qu'il se plaisait dans ces sortes d'amusemens ; car revenant de Moscou, et passant près de Kœnigsberg, avec le duc de Vicence, tous deux affublés de fourrures, ils demandent à dîner au maître de poste, dont le refus s'appuie sur les réglemens, mais qui leur dit qu'à trois lieues de là ils trouveront une bonne auberge. Arrivés au lieu indiqué, leur faim s'apaise dans un assez bon repas. Au dessert, Caulaincourt veut savoir de l'aubergiste, qui les regarde avec attention, ce que l'on pense des dernières affaires; l'aubergiste lui répond qu'*on n'a rien à craindre, parce qu'il se trouve là un gaillard qui saura bien les rétablir*. Bonaparte prenant la parole, à son tour, s'informe s'il connaît Napoléon. « Non, dit l'autre, je ne l'ai jamais vu, quoique j'aie fait bien des voyages dans l'intention de le rencontrer. — Tu désires donc fort cette rencontre? — Certainement, et je donnerais bien pour cela deux dîners comme le vôtre. » La carte est aussitôt payée ; Napoléon y fait ajouter cinquante pièces d'or. L'aubergiste, dans le plus grand étonnement, ne sait s'il doit en croire le témoignage de ses yeux ; il doute si ses hôtes sont d'illustres personnages ou de grands brigands. Néanmoins il accompagne les voyageurs jusqu'à leur traîneau. Bonaparte, en montant, se tourne vers l'aubergiste, et soulevant de ses deux mains, avec un geste rapide, son bonnet fourré qui lui cachait les trois quarts de la figure : *Tiens, tu dis que tu n'as jamais vu l'empereur Napoléon, le voilà !* et le traîneau s'éloigne avec la plus grande vitesse.

Ma femme, depuis plusieurs années, se plaignait d'une grande faiblesse de poitrine. Une toux sèche et redoublée la consumait insensiblement. Ses joues devenaient d'un rouge vif à la naissance des pommettes. Elle avait dans les yeux un éclat inquiétant. Son mal augmenta durant mon absence. J'eus l'autorisation de me rendre sur-le-champ auprès d'elle. Hélas ! je n'arrivai que pour recueillir ses derniers soupirs. Chère épouse ! que de regrets déchirèrent mon cœur ! que de larmes amères versées sur ton cercueil !..... Aujourd'hui même ton souvenir réveillant ma tendresse me rappelle ces jours délicieux qu'un sort moins cruel nous fit partager. Pourquoi faut-il que la beauté périsse à la fleur des ans ? Devais-je te survivre, moi, sur le penchant de l'âge, et dont la nature ne soutient plus les forces que pour te pleurer? Etait-ce à moi de fermer la paupière de la plus adorée des femmes, quand un fils chéri réclamait encore tous ses soins? Ah! si du haut de son trône l'Eternel daigne jeter ici-bas un œil de compassion sur son plus bel ouvrage, en réservant un prix à la vertu, il me reste au moins dans l'excès de mon amertume la douceur de penser qu'une vie sans reproche t'a fait monter au séjour immortel des ames heureuses.

Toute la ville ressentit ma douleur; je vis sur le visage de plusieurs femmes, ses amies, couler des pleurs qui ne servaient qu'à prolonger le cours des miens. Je m'enfermai huit jours, refusant toutes les consolations qu'un tendre intérêt pouvait apporter à mes maux. Mon fils était également dévoré de regrets. Il jetait des cris en me voyant pleurer ; je l'embrassais avec une émotion semblable aux mouvemens convulsifs.

Enfin, les devoirs de mon état venant à répandre quelques distractions autour de moi, je repris la suite des affaires avec un courage dont je ne me croyais point encore capable. Les travaux de la conscription m'occupèrent assez pour me donner une nouvelle tristesse. J'en sentais mieux que personne la nécessité ; je concevais qu'elle était le plus puissant moyen de maintenir l'indépendance nationale, au milieu du fracas des guerres éternisées par le retour annuel des coalitions ; mais toujours voir une foule d'enfans arrachés à leurs familles, se grouper comme des troupeaux autour de la préfecture; des parens, des mères dont les sanglots retentissent au loin, le désespoir dans l'ame de se séparer de leur unique soutien; des hommes avides fouiller dans la bourse des malheureux pères, et recevant sans pudeur comme sans crainte, sans honte comme sans remords, le prix de leurs sueurs, pour échange d'un bienfait incertain; mais toujours rencontrer la présence de vieillards, qui, après avoir fait des emprunts sur un morceau de terre, vendu leurs bestiaux, engagé leur personne même dans des travaux futurs, implorent la justice du ciel et la commisération des hommes, afin de conserver leur dernière espérance; oh!

j'avoue qu'il faut avoir une ame plus dure que le fer pour contempler de sang-froid un spectacle si déchirant. Hélas ! il est fâcheux qu'une conscience un peu tardive me reproche assez fort d'avoir eu la faiblesse de tremper dans quelques injustices dont le motif n'était pas toujours très-louable. Passons vîte : *Incedo per ignes.*

Cependant il fallait opérer ces grandes mesures ; le salut de l'Etat l'exigeait ; l'ordre du souverain était absolu : on devait l'exécuter, ou subir une destitution ; et l'on a pu voir jusqu'ici qu'avec beaucoup de sensibilité je ne manquais point d'aversion pour les réformes, attendu qu'une fois l'individu déplacé, son avancement devient fort difficile.

Cette jeunesse, qui, le plus souvent, abandonnait avec autant d'inquiétude que de chagrin les foyers paternels, allant grossir les rangs de notre armée, contribuait aux victoires dont le souvenir était fêté par la cérémonie des *Te Deum* : nous en chantions tous les deux ou trois mois; cette solemnité ramenait les grands dîners avec l'enthousiasme et la concorde. Les prêtres (1) et les émigrés,

* L'un d'eux fit un jour à l'église un sermon fort extraordinaire, qui ne peut être comparé qu'à celui du cordelier Maillard, du jeudi de la seconde semaine de carême. Voici, pour avoir une idée du premier sermon que je ne veux point répéter, de peur d'effaroucher les oreilles chastes, comment le cordelier apostrophe les femmes des avocats portant des habits garnis d'or. *Vous dites*

rentrés depuis long-tems, participaient à la joie publique ; je les invitais à mes repas ; ils s'y rendaient joyeux ; j'accomplissais ainsi le vœu de Napoléon dans le rapprochement des esprits.

Je me souviens à ce sujet du discours vraiment curieux d'un émigré toujours fort jaloux du droit de ses chers aïeux ; c'était après le dîner, à l'heure où l'on prenait le café. Le marquis de P.....y, ayant longuement vanté les prérogatives de la noblesse d'autrefois, nous dit avec le plus grand

que vous êtes vêtues suivant votre état ; à tous les diables votre état et vous-mêmes, Mesdemoiselles ! Vous me direz peut-être : Nos maris ne nous donnent point de si belles robes : nous les gagnons de la peine de notre corps ; à trente mille diables la peine de votre corps, Mesdemoiselles !

sérieux que c'était un tems très-regrettable. « J'avais, ajouta-t-il, une » place distinguée à l'église de ma pa- » roisse. Exempt d'impositions, de » taille, du prix des corvées, mes gens » l'étaient aussi de la milice. J'avais » le plaisir de la chasse avec celui de » voir mes paysans passer la nuit, ar- » més de poëles et de chaudrons, afin » d'effrayer les sangliers qui ravageaient » leurs champs de fèves. J'envoyais, » sur un seul mot, aux galères un scé- » lérat de braconnier dont l'inconce- » vable audace me soufflait une perdrix » sous les yeux. Dans ce bon tems, le » gibier était si commun qu'on l'écra- » sait sous les pieds; il dévorait, il est » vrai, les moissons; mais on chassait » sans peine. Aujourd'hui c'est bien dif-

» férent ; s'il épargne d'un côté la ré- » colte, de l'autre il devient si rare » qu'on est forcé de courir, de se fa- » tiguer, de se harasser tout le jour » pour rapporter au château une mé- » chante pièce de gibier achetée par » tant de sueurs.

» Quand nous plaidions, la justice » se rangeait presque toujours à notre » avis. Si nous avions à nous plaindre » de certaines gens dont la tête se le- » vait un peu trop, la Bastille s'ou- » vrait à notre influence, et se fermait » sur leurs épaules ; il se trouvait peu » de moyens plus expéditifs que celui- » là. On ne connaissait point toutes » vos constitutions, où l'on rencontre » ces grands et vilains mots de liberté, » d'égalité, de droits de l'homme, qui

» n'ont servi qu'à tout brouiller ; mais » l'on remarquait très-bien un marquis » au respect qu'il inspirait, non moins » qu'au titre mérité qu'on lui don- » nait de *monseigneur* » (M. de P.... y tournait alors son attention sur la croix d'honneur attachée à ma boutonnière). « Un marquis avait dans la » démarche un certain air de conten- » tement ; dans les manières une sorte » d'aisance ; dans la physionomie quel- » que chose d'imposant, et dans l'en- » semble de sa personne tout ce qui » peut le faire distinguer de la foule » des petits nobles. Présentement tout » est commun, tout reste confondu ; la » preuve en est dans...... » Il allait continuer sur ce ton, lorsque l'on apporta mes dépêches. Le bon marquis du vieux tems se tut, et je me retirai dans mon cabinet, non sans avoir observé les convives, qui s'égayaient à l'envi, l'un étouffant de rire sous sa serviette, l'autre en tournant la tête de côté pour n'être point vu ; celui-ci versant sur son assiette la moitié de sa tasse qui lui échappait ; celui-là se passant la main sur les yeux, et cachant ses éclats de voix sous une toux feinte.

Parmi tous ces messieurs, se rencontrait un fonctionnaire non moins original que le marquis, et beaucoup plus gai : c'était M. Q......t-P..........x, directeur des d. r. Ce personnage, qui vit encore, n'a pas quatre pieds et demi. Agé d'environ soixante-six ans, quand il vint pour la première fois dans ma préfecture, il débuta par me saluer en dansant. Trouvant cela curieux, je lui fis compliment de sa vigueur et de sa légèreté. Il s'attira de ma part un second éloge, en fredonnant d'une voix cassée, et sans avoir une seule dent, l'air de Blondel : *O Richard ! ô mon Roi !* Une longue épée pendait à son côté ; je dis longue, parce qu'en mesurant des yeux la stature de l'individu, l'on pouvait se demander s'il était attaché à son épée, ou si vraiment il la portait. Le voyant de cette humeur facétieuse capable de dérider le front le plus austère, je ne pus m'empêcher de lui demander s'il brillait dans les armes comme à la danse. Sans me répondre, il met flamberge au vent, et tire à la muraille pendant deux ou trois minutes, non point comme le plus expert, mais comme le plus vif des spadassins. C'est assez exprimer les mouvemens curieux que se donnait cette espèce de pygmée.

Le lendemain, je le priai d'assister à la fête que je destinais au sénateur Garan-Coulon, alors en tournée dans mon département. Il s'y rendit, suivi d'un domestique portant son vin. Monsieur n'aimait pas le changement de boisson; c'était son excuse. Le sénateur prit place, et Q......t-P.........x se trouva vis-à-vis. La table était large; ceux qui portaient l'épée l'avaient au côté. Le directeur, tenté par un plat de belles écrevisses, essaie d'en prendre : ses bras trop courts le retiennent. Il prie qu'on lui en fasse passer. Chacun feint de ne point l'entendre, et parle à son voisin. P.........x moins impatienté de ses vains efforts que rebuté de l'indifférence des convives, tire son épée à la barbe du sénateur reculant de surprise, et perce une écrevisse en criant : *La voilà !*

Le soir, voyant que l'assemblée était dans d'heureuses dispositions de s'amuser, je vantai hautement les talens de notre danseur. Je fis retirer les domestiques, et fermer les portes. P.........x s'empare de huit flambeaux, en forme deux rangs sur le parquet, prend les côtés de son habit, exécute en le chantant gravement le menuet d'Exaudet. « Que chantez-vous donc » là de si triste ? lui dis-je. C'est un » air d'enterrement : allons, je vous » prie, quelque chose de plus gai. »

En effet, doublant la mesure avec l'accompagnement, il sautille d'une manière si risible, que personne ne pouvant plus se contenir, je me vis contraint de faire cesser presque aussitôt ce burlesque amusement.

Son inspecteur gémissait avec les autres employés d'avoir à leur tête un chef qui en était privé, dont la conduite administrative tenait de la folie, et qui, commençant par montrer son ridicule extrême aux meilleures sociétés, finit par devenir le jouet de toute la ville. Aussi son protecteur, Regnaud (de Saint-Jean-d'Angely), l'abandonna-t-il, honteux d'avoir soutenu sans le connaître un fonctionnaire imbécille, mais toujours comique dans ses fréquens écarts.

Dès que le conseiller-d'état directeur-général l'eut admis à son audience, il lui dit avec douceur : « M. P........x, vous êtes un peu âgé ; » il faut songer à vous retirer : je vous » donnerai une belle retraite. — Com» ment, âgé, M. le comte? J'ai bonne » bouche, bon œil et bon pied » ; et sur-le-champ, passant du raisonnement à la preuve, il fait en présence du directeur-général trois tours dans son cabinet, dansant sur la pointe du pied à l'âge de soixante-dix ans. On pense bien qu'il n'en fallut pas davantage ; une épreuve semblable était décisive : dès cet instant sa retraite fut fixée à 3000 fr., et l'on congédia ce vieux fou, dont l'ostentation égalait le sot orgueil. « Je suis, disait-il fréquemment, l'empereur de mon administration dans le département de ***. » Un jour il donna 15 fr. pour une commission de la valeur de 15 sous : « Mon ami, ajoutait-il au porteur, reçois cela de Q.....-P........x, directeur des d. r. du département de ***. » Voilà pourtant le résultat des choix de la faveur !

Content de mes rapports avec les divers ministères, estimé généralement des partis que je m'étais efforcé de concilier, réunissant les produits de la charge aux honneurs du rang, nourrissant l'espoir de consolider ma fortune dans un département plus populeux, et même d'arriver au conseil-d'état, en allant au-devant des vœux du souverain dans le contingent des conscrits, mesure répugnant à mon cœur, mais nécessaire à mon avancement, je coulais des jours aussi tranquilles, aussi sereins, aussi purs qu'un honnête préfet puisse les goûter. La perte d'une épouse tant aimée s'effaçait de mon souvenir avec le tems. Mon fils grandissait et témoignait, par l'étendue de son intelligence, qu'il saurait un jour marcher avec orgueil sur les traces de son père. Combien cette douce idée flattait mon ame! Combien j'en étais réjoui! comme j'en tressaillais de plaisir!

Mais aussi que les destins sont trompeurs! C'est au moment où mon bonheur est le plus riant que pâlit l'étoile de l'empire. Les désastres inouïs de notre armée en Russie retentissent autour de moi comme un affreux coup de tonnerre. L'impression m'en est si forte que les premiers succès de la campagne de 1813 sont hors d'état d'affaiblir un pareil étourdissement. Les combats de 1814, mêlés d'avantages et de revers, achèvent de troubler mes idées. Je ne puis plus suffire aux levées d'hommes qu'on exige dans le pays administré par mes soins : il s'épuise de conscrits et de gardes nationales. Je demeure un mois dans les plus vives anxiétés, jusqu'à ce qu'ayant appris la résolution du sénat, je me range de son côté, voyant dans cette mesure à jamais mémorable la fin de nos révolutions, puisque la légitimité des droits du nouveau souverain, appuyée d'ailleurs par un million de baïonnettes, paraissait devoir en terminer le cours. Je souscrivis à la déchéance de Napoléon, dont l'inconcevable opiniâtreté fermait l'oreille aux accommodemens les plus raisonnables. La croix de Saint-Louis me fut donnée peu de tems après, en récompense de ma soumission. J'étais ravi de voir le roi monter sur un trône occupé par ses ancêtres depuis tant d'années, à la place d'un étranger que les têtes couronnées avaient souffert par politique ou par impuissance : car enfin, mettant dans la balance un soldat parvenu (qui, dans son insatiable ambition, portait le feu aux quatre coins du monde), avec le frère du roi de France mort de la main de ses sujets dans nos cruelles dissentions; lequel frère ayant l'humeur paisible, et gagnant par des témoignages de franchise l'estime des potentats ses alliés, garantit à la nation dont il est le père une longue tranquillité; nul doute que ce dernier ne doive l'emporter dans l'esprit comme dans le cœur de tout homme sensé.

Qui croirait qu'avec de semblables sentimens j'aie été remplacé? Hélas! dans les révolutions, voilà ce qu'opère le changement des ministres! On dirait, en verité, qu'il y a des tems où les malheurs fondent sur les gens avec furie. Je revins à Paris la poitrine chargée de deux croix, mais la tête inclinée. On me dépouillait d'une belle charge, et l'on ruinait mes espérances. J'étais déjà moins satisfait de la solidité de ma dialectique, tant il est vrai que nos intérêts influent puissamment sur toutes nos décisions. Toutefois je visitai la nouvelle cour. Bon dieu, quels costumes, quels visages! Je ne reconnaissais plus aucun de mes compatriotes. Que d'abbés assiégeant le cabinet des princes! Que de vieux généraux inconnus haletant sur le grand escalier! Ici le duc de L.... M.........y, le corps plié en deux, soupirant après une ambassade; là le vieux comte de Saint-M..... l dont l'épée frappe horizontalement ses mollets, c'est-à-dire l'endroit où ils devraient être, car ses jambes ressemblent à deux bâtons chaussés, veut être colonel; là, le marquis de V....x dont la chevelure outragée laisse encore entrevoir la forme de deux ailes de pigeon, et qui, tout fier d'une foule d'exploits ensevelis dans l'ombre, tâche en vain de lever la tête au ciel quand il porte ses vues au ministère ; là, le baron de H.....t, courbé sous ses quatre-vingt-deux ans, n'osant tousser de peur de rendre l'ame, désire une lieutenance générale afin de monter à cheval. Et les dames ? Ah ! pour les dames, grâce, lecteur ; je ne puis me résoudre à toucher une corde si délicate.

Imaginez une foule d'anciens nobles cachés aux extrêmités du royaume, sortant tout-à-coup du fond de leur gentilhommière, où depuis cinquante ans peut-être aucune mode n'avait pénétré ; s'acheminant vers Paris dans le plus grotesque équipage ; fondant sur la cour ainsi qu'une volée d'étourneaux à la quête du grain ; offrant au roi, pour obtenir des places, la seule fidélité de leur cœur pendant vingt-cinq ans ; laissant admirer au jardin des Tuileries l'accord extraordinaire des visages les plus singuliers, ornés de la plus étrange parure, avec un maintien non moins risible, et vous aurez, d'honneur, l'idée la mieux formée du plus décent carnaval.

Mais à côté de ce tableau la justice exige que je mette en regard celui de gentilshommes, fils d'anciens chevaliers français, dont l'air, le port, la tenue, ne le cédaient en rien à tout ce que peuvent offrir les cours les plus brillantes. On voyait le jeune duc de R.... rempli d'une humeur belliqueuse, qui semblait attendre de son souverain l'ordre de courir à la gloire. Près de lui se faisait aussi remarquer le comte de P......c, sauvé jadis par un bonheur inattendu de la mort réservée aux criminels d'Etat, et qui maintenant jouit en paix du fruit de son courage ; car tel est le pouvoir des révolutions, que le crime et la vertu changent de nom tour-à-tour avec les événemens. Plus loin se distinguait encore le marquis de L...... J......n dont l'épée avait constamment défendu les droits du monarque en exil. Quel malheur pour sa renommée qu'un sort cruel l'ait réduit à signaler sa vaillance contre ses compatriotes, et que le sang français ait coulé sur ses lauriers !

Autour de ces fidèles compagnons des princes était l'élite de la noblesse. Bien différens de ceux qui se laissaient tranquillement oublier dans la retraite au moment du danger, ces chevaliers, résolus de suivre en tout la fortune de leurs maîtres, avaient partagé mille fois, avec autant de joie que de constance, tous les périls capables d'en faire changer la face.

Je me présentai devant le dispensateur des grâces, ainsi que nos hobereaux, mais dans un costume un peu plus français. Ayant une prétention mieux fondée que la leur, puisque j'avais émigré, je fis valoir mes droits. On exigea l'état de mes services. Jamais je n'osai faire entrer dans celui d'une campagne des courses aux environs d'Aix-la-Chapelle et de Spa: je ralentis donc la chaleur de mes démarches, et j'attendis, comme une occasion plus propice, le départ de la foule des solliciteurs lointains.

J'allai voir dans sa solitude mon ami Mercier, parent d'un de mes collègues, le baron La......te, avec lequel j'étais aussi lié. Mercier me sembla satisfait des derniers événemens, surtout à cause de la déchéance de Bonaparte, qu'il n'aimait point, quoiqu'il l'appelât souvent son confrère de l'Institut. Il disait que les yeux de Napoléon ressemblaient à ceux des trente tigres conventionnels. C'est à ce nombre qu'il bornait les principaux auteurs des actes sanglans de la révolution.

Tout-à-coup il rompt l'entretien pour chercher un étui de violon, en m'annonçant qu'il va me montrer un objet curieux. *Vous allez voir*, ajouta-t-il, *un violon qui a fait danser les quatre parties du monde*.

L'étui ouvert, j'admire un Christ en ivoire de la plus rare perfection, enveloppé soigneusement dans du coton. Il veut me le vendre six mille francs. — Quoique cet ouvrage soit un chef-d'œuvre, je n'y peux mettre un si haut prix : offrez-le au prince Kourakin. — C'est ce que j'ai fait ; mais il n'en veut donner qu'une cinquantaine de louis. — Cinquante louis ! c'est une offre qui commence à devenir raisonnable. — Oh ! c'est trop peu. — Pourquoi ne l'avez-vous point présenté à l'abbé Maury ? — C'est encore ce que j'ai fait sans succès ; l'abbé est un avare sans pareil. Savez-vous ce qu'il a répondu en l'examinant? — Non. — Il a osé me dire qu'un Christ de trente sous lui élevait l'ame comme le mien. — Je ne m'attendais guère, en effet, à cette réponse d'un cardinal archevêque de Paris.

Quinze jours après ce dialogue Mercier n'existait plus. C'était un honnête homme, un peu bizarre dans ses vues, et paradoxal en parlant comme en écrivant. Il se plaisait à rendre service, et mettait de la dignité dans le bienfait. Vers la fin de sa carrière, il était devenu presque aussi crédule qu'un enfant. Mercier a trop écrit; le grand nombre de ses productions fait tort à sa réputation. Quoiqu'il ait très-souvent rencontré d'injustes détracteurs, on ne peut méconnaître que son esprit a poussé trop loin l'originalité. Mais si l'on faisait un choix de ses écrits, on trouverait qu'il s'est élevé au-dessus des *bouffées du talent* *.

Tandis que j'attendais une décision dont le rappel dans mes fonctions devait être la suite, on apprend le débarquement de Napoléon au midi de la France. Cette nouvelle jette dans mon ame une extrême surprise, mêlée d'une vive inquiétude. La prudence me prescrit un peu de relâche à mes sollicitations; je fais aux autorités des visites moins fréquentes. La rapidité de la marche de Bonaparte renversant mes

* Des censeurs appellent ainsi quelques-uncs de ses bonnes pages.

premières idées, leur donne une direction tout-à-fait singulière. Je m'imagine qu'il n'a pu se décider à quitter l'île d'Elbe sans avoir l'assentiment d'une grande puissance. Je crois voir un gage de sécurité dans son abdication, qui lui fait à lui-même substituer son fils. Une partie de la nation semble applaudir à la témérité d'une entreprise tenant du prodige, et laisse paisiblement arriver au trône celui qu'elle venait de repousser couvert d'outrages.

Dans tous les tems, les vaincus ont subi la loi du vainqueur. Je ne me sentais pas de force à secouer le joug, quand le roi se retirait de la France par nécessité. Je repris la suite de mes raisonnemens, qui devaient, comme on pense bien, recevoir la teinte des circonstances.

Quel parti prendre? me disais-je. Louis XVIII a quitté le territoire français. Napoléon, entouré de l'armée, commande en souverain : sa voix annonce la paix et le pardon des injures; il dit que, nommé par le peuple, il est le seul maître de l'empire; son conseil, par ses ordres, veut le prouver au monde.

Oui, mais s'il nous trompe, ainsi que cela lui est arrivé plus d'une fois; s'il reprend la couronne qu'il avait déposée; si les puissances, frappées de ce grand coup d'audace, vont lui jurer une guerre éternelle; si le chef de la seule nation qui pourrait par son alliance condescendre à ses volontés, allait lui refuser sa femme et son fils, et joindre ses forces à la coalition de l'Europe, n'est-il pas clair que, malgré l'étendue des ressources du peuple français, le courage héroïque de ses troupes, et toute l'expérience de leur chef, il doit succomber à la longue dans une lutte que chaque jour doit rendre plus inégale ?

Que faire enfin ? J'étais décidé à signer *l'acte additionnel* pour ne point renoncer aux emplois, en attendant qu'un événement décisif m'éclairât sur mes vrais intérêts. J'avais déjà vu beaucoup d'hommes crier après l'incurie des journalistes qui avaient omis de consacrer leurs exploits, dont le moindre, à leur avis, était d'avoir arboré publiquement, sur le Carrousel, la cocarde blanche au 31 mars 1814. Je voyais les mêmes hommes, maintenant pleins de regrets d'avoir trouvé ces journalistes trop dociles à leur réclamation, étouffant de tout leur pouvoir des cris de victoire convertis depuis en cris séditieux. Cet exemple m'attristait.

Enfin, après deux mois d'hésitation, je hasardai de réclamer mon rang de préfet. Ma lettre, à mon grand étonnement, demeura sans réponse. Je recommençai mes visites : point de succès. Alors, dans mon dépit, l'image de vingt peuples armés contre la France détachant mon cœur de Napoléon, le porta vers le roi. Je crus n'être pas ingrat en oubliant le premier, qui m'oubliait. D'ailleurs le sacrifice que j'allais faire au monarque absent méritait bien de sa part quelque distinction. Si, contre toute attente, le roi perdait sa cause, l'exemple d'une foule d'amnistiés me laissait plus tard un chemin libre dans ma patrie. Effectivement, quand on n'est coupable, au milieu des affaires, que d'un peu d'inconstance qui tient moins au cœur qu'au caractère, que l'on ne se donne point, on trouve aisément le moyen de se faire pardonner un moment d'erreur effacé par la couleur du repentir. Ainsi donc, tout bien considéré, tout bien pesé, je me rendis à Gand peu de jours avant la bataille de Waterloo.

Quoique les souverains confédérés eussent donné l'assurance au roi de ne poser les armes qu'après avoir renversé l'usurpateur, la cour ne paraissait pas tranquille. Tantôt des bruits fâcheux circulaient dans la ville; tantôt des déserteurs alliés, fuyant sur les ailes de la peur, en augmentaient l'éclat; tantôt on se croyait trop près du fracas des armes, et l'on songeait à reculer vers le nord; tantôt l'on manifestait des craintes sur la conduite de l'Autriche, ou la mésintelligence qui pouvait se glisser parmi des princes dont les intérêts, ayant un but commun, étaient néanmoins si divers.

On continuait à flotter dans ces graves inquiétudes, quand tout-à-coup le destin des empires permit au roi de remonter sur son trône. Nous l'accompagnâmes jusqu'à Cambrai. Je vis arriver M. Gaillard, ami de Fouché, que celui-ci dépêchait à Louis XVIII, muni de lettres cachées dans le collet de son habit. Il nous dit que la plus grande effervescence régnait à Paris, dont toute la population se trouvait armée, sans que l'on sût trop comment. Il ajouta qu'on aurait beaucoup de peine à remplacer de nouveau la cocarde tricolore par la cocarde blanche; puis il continua sa route, afin de remettre d'autres lettres au lord Wellington.

Nous arrivâmes aux environs de Paris, et nous y séjournâmes jusqu'à ce qu'il plût à cette capitale de nous ouvrir ses portes. Enfin nous rentrons!... Que l'on essaie, si l'on peut, de se faire une idée de mon allégresse. J'allais recevoir bientôt le prix d'un généreux dévouement à la cause sacrée de la légitimité. J'y entrais par enthousiasme : je le marquais dans les spectacles, dans tous les lieux publics, avec une explosion de sentimens qui tenait presque de la fureur. Les cris de *vive le Roi!* toujours très-fortement exprimés, m'avaient enroué au point que je craignis un instant une incurable aphonie. J'eus même deux ou trois accès de fièvre qui me rendirent la modération, dont il me semble aujourd'hui, mieux éclairé, qu'un homme prudent ne doit jamais sortir.

La conduite que j'avais tenue, mon voyage à Gand, l'ardeur de mon zèle, soutenue de chauds discours au milieu des salons, où mon opinion me faisait admettre, attirèrent sur moi les regards de l'autorité. Une mission importante et secrète me fut confiée dans l'une des plus grandes cités du Midi. Je dois à la vérité de dire ici que je demeurai tout-à-fait étranger aux attentats qu'on y commit en profanant le nom du roi, dont le cœur saignait à de pareils excès *. On me rappela bientôt.

Je formai des liaisons avec divers membres de la députation de 1815,

* Croirait-on qu'en plein jour, des hommes armés d'un fusil à deux coups ont tiré sur leurs compatriotes, marchant tranquillement dans la ville, et cela, parce qu'ils avaient une cravate noire au cou? Ces meurtriers prenaient d'ailleurs si peu de précaution dans leur choix, qu'un individu totalement dévoué à la cause royale fut trouvé parmi les morts. O fureur des partis! *Inter arma silent leges.*

A. Desenne del. — Fr. Janet direx.

Mr. GIROUETTE en 1815.

dont les sentimens continuant d'exalter mon ame, l'élevèrent jusqu'à la hauteur du rang d'*ultra-royalistes ;* épithète convenable, puisque dans leurs discours quelques députés franchissaient les bornes de la raison, au sein de la cause même qu'ils avaient embrassée *. Le parti que je pris de

* Dans ce moment, Bonaparte embarqué, pour ne point subir la cérémonie du passage de la ligne, donna cinquante napoléons aux matelots.

Le 15 août, jour de sa fête, il joua des sommes énormes et gagna constamment, quoique avec la résolution de les perdre. Descendu dans l'île de Sainte-Hélène, le gouverneur fit mettre, comme une garde d'honneur, quatre hommes à sa porte. Napoléon le pria de les retirer, ou de les souffrir seulement sans uniforme et sans armes, parce qu'en les voyant en militaires autour cultiver leur amitié me fit tort. On m'enveloppa dans le tourbillon de leurs principes, et je me fermai dès ce moment, bien malgré moi, la porte aux distinctions; car le système des économies faisant une loi des réformes, on trouva qu'à soixante ans j'étais trop vieux pour les emplois, et je reçus,

de sa personne, cela lui rappelait des marques de sa grandeur éclipsée.

Quelques jours après son arrivée, le médecin anglais qui montait son vaisseau lui fit une visite; il le trouva levé dès quatre heures du matin, en robe de chambre, autour d'une table couverte de livres et de papiers, vis-à-vis Las Casas, son secrétaire. Le médecin l'appelant *Sire*, lui demanda comment il avait passé la nuit. Napoléon, le regardant avec des sourcils froncés, lui dit brusquement *qu'il n'avait jamais bien dormi*, et lui tourna le dos.

dans une lettre fort poliment tournée, l'avis que l'Etat, contraint de fermer les yeux sur l'utilité de mes services, me donnait à regret ma retraite. Mon Dieu ! la terre n'est-elle pas un séjour bien étranger à la vertu, si la vertu souffre tant ?

Je sentis le coup avec une rude émotion : lorsqu'un fonctionnaire a passé les trois quarts de sa vie dans les honneurs, ce n'est qu'avec une peine extrême qu'il consent à les abandonner. J'amenai mon fils chez M. de B.....e, qui m'avait prié d'appeler l'attention des députés V....le, C........r, H..e-N....le, de B.....le, et C.....re, sur le budjet de son administration. Il m'avait promis une place dans ses bureaux pour ce tendre jeune homme, si, dans cette occasion, j'employais mon zèle avec fruit. Il nous fit à tous deux un accueil très-gracieux, et tint sa promesse ; ce qui présentement est assez remarquable.

Après avoir essuyé tant de vicissitudes, je cherche enfin le repos, que j'espère trouver au milieu d'une jolie habitation, située à cinq lieues de Paris. Là, je cultive en paix mon jardin potager, n'entendant plus parler de brochures polémiques, des querelles des journalistes, des mélodrames dont les magnifiques décorations remplacent le bon sens, des acteurs en voyage, des procès monstrueux, du nombre des suicides, des galanteries conjugales, des cris séditieux, des cours prévôtales, de la liberté de la presse, de la responsabilité des ministres, de la liberté individuelle, du concordat, etc., etc. etc., et de tout ce qui peut en tout genre occuper sérieusement la tête des grands désœuvrés.

Je sais bien que ceux qui me liront ne seront pas toujours satisfaits de ma conduite politique et de mes opinions. Ils voudraient peut-être que la nature m'eût donné un caractère moins inconstant. Je suis, sur ce point, entièrement de leur avis. J'accuse comme eux cette même nature de m'avoir fort mal traité; mais ce que je les prie d'examiner, c'est qu'il existe peut-être autour de leur personne une multitude d'hommes qui, considérés dans le monde comme d'honnêtes gens, ont eu le malheur de partager et suivre mes principes. Si la nuit mon flambeau dans mes mains s'est éteint bien des fois, combien d'autres ont soufflé le leur croyant y voir plus clair! La consolation que j'emporte au moins jusqu'en 1818, c'est de n'avoir fait aucun mal sciemment à personne. Tous mes collègues pourraient-ils bien en dire autant? N'ont-ils jamais commis d'injustices en cédant au pouvoir de la vanité, de l'orgueil, de l'ambition, des rivalités, de la haine, des jalousies?

Quoi qu'il en soit, on me verra tel que je me suis montré; n'ayant pas tout dit sur mes actions privées, qui, ressemblant pour la plupart à celles de tous les hommes, auraient offert peu d'intérêt, et peut-être même de ces faiblesses qu'on peut commettre, sans qu'il faille les révéler; mais aussi n'ayant rien caché de ma conduite administrative, que je suis bien loin de justifier en tout point, ainsi qu'on a pu le voir dans le courant de cette brochure.

J'ignore si l'on me reconnaîtra, malgré toutes les précautions que j'ai prises pour me cacher. Si l'on me devine, il sera fort inutile de m'adresser à ce sujet des questions, car je garderai le silence même avec mes amis, ne voulant point qu'il soit dit que je prends un masque uniquement pour le plaisir de me le voir enlever; et c'est dans cette assurance que je termine ici des confessions, dont je souhaiterais de tout mon cœur que l'intérêt fût plus grand, afin que, mieux soutenu par mon style, il fût aussi plus digne de piquer la curiosité des gens estimables.

FIN.

NOTA.

Cet ouvrage était imprimé lorsque j'ai reçu la visite du fils de M. Girouette. Je tenais en main la dernière feuille, dont il me pria de lui donner communication ; ce que je fis avec autant de plaisir que d'empressement. Ma lecture était à peine terminée qu'il se prit à rire, en avouant que la fin de ces *Mémoires* lui rappelait une légère omission. Voici, ajouta-t-il, le discours que m'adressa mon père en me conduisant chez M. de B.....e, discours très-bien gravé dans ma mémoire, et qu'il me sera, je crois, fort difficile d'oublier :

« Soyez toujours sage, ô mon fils,

» la sagesse est un trésor avec lequel » on achète le bonheur. Soyez réservé, » prudent et vertueux; car la réserve, » la prudence et la vertu mènent sou- » vent à la fortune par un chemin qu'i- » gnorent les jeunes gens de votre âge. » Vous manquez d'expérience, mon » fils; jetez les yeux sur la conduite de » votre père; imitez son discernement » et sa discrétion; suivez les princi- » pes de droiture dont il n'a jamais dé- » vié, dans les circonstances même les » plus épineuses. Si j'ai mis en réserve » quelques centaines de mille francs, » n'est-ce pas en suivant avec adresse » le cours de nos discordes civiles pour » trouver le moyen de me faire occu- » per? N'est-ce pas en recherchant » l'influence des hommes en place, et

» en évitant de leur déplaire, que je » me suis maintenu dans la plupart de » mes fonctions? N'est-ce pas, enfin, » en m'accommodant à toutes les opi- » nions régnantes, que je suis parvenu » à me ranger franchement vers le » parti le plus fort, sans qu'on pût » avec justice blâmer le but de mes » démarches? Ainsi, mon cher fils, » si vous voulez un jour vous élever » au plus haut degré de considération » dans le monde, en méritant l'es- » time des gens de la meilleure pro- » bité, gardez le souvenir de mes le- » çons, avec la certitude qu'il faut un » esprit très-accommodant pour vivre » avec des hommes souvent fort in- » commodes, mais quelquefois aussi » très-utiles à notre avancement. Em-

» brassez-moi, mon très-cher fils, et
» que le fruit de mes conseils soit aussi
» durable que ma tendresse. »

J'ai trouvé ce discours assez curieux pour être conservé ; il sert à comparer les principes moraux de l'auteur avec ses actions, et à montrer la différence assez sensible de la fin des *Mémoires* qu'il publie, avec le langage secret qu'il tient à son fils. En effet, ce précepte de constance de M. Girouette dans l'inconstance même est encore un trait de son caractère qui ne peut échapper à tout lecteur attentif.

TABLE DES MATIÈRES.

FIN DE LA TABLE.

A corriger.

Pag. 12, lig. 3, m'entretenir comme, *lisez* m'entretenir sur la route comme.

—— 12, lig. 9, multipliant comme à plaisir, *lis.* multipliant à plaisir.

—— 29, lig. 3, de haut, *lis.* d'élévation.

—— 37, lig. 7, quelque éloge, *lis.* l'éloge.

—— 39, lig. 7, en ait imposé, *lis.* l'ait exclue de l'étude des belles-lettres.

—— 44, lig. 2, tient moins, *lis.* tient peut-être moins.

—— 72, lig. 1re, qu'afin, *lis.* que par l'envie.

www.ingramcontent.com/pod-product-compliance
Ingram Content Group UK Ltd.
Pitfield, Milton Keynes, MK11 3LW, UK
UKHW020555180726
13838UKWH00001B/265

9 782329 104201